정신의 진보를 위하여

DÉCLARONS LA PAIX! POUR UN PROGRÈS DE L'ESPRIT

By Dalaï-Lama & Stéphane Hessel

정신의 진보를 위하여

달라이 라마와 스테판 에셀이 나눈 세기의 대화

달라이 라마, 스테판 에셀 지음 | 임희근 옮김

2012년 10월 15일 초판 1쇄 발행

펴낸이 한철희 | 펴낸곳 돌베개 | 등록 1979년 8월 25일 제406-2003-018호

주소 (413-756) 경기도 파주시 회동길 77-20(문발동)

전화 (031) 955-5020 | 팩스 (031) 955-5050

홈페이지 www.dolbegae.com | 전자우편 book@dolbegae.co.kr

책임편집 소은주·김태권 | 편집 이경아·권영민·이현화·김진구·김혜영·최혜리
디자인 이은정·박정영 | 디자인 기획 민진기디자인
마케팅 심찬식·고운성·조원형 | 제작·관리 윤국중·이수민 | 인쇄·제본 영신사

ISBN 978-89-7199-503-7 03340

책값은 뒤표지에 있습니다.

이 도서의 국립중앙도서관 출판시도서목록(CIP)은 e-CIP 홈페이지(http://www.nl.go.kr/ecip)와
국가자료공동목록시스템(http://www.nl.go.kr/kolisnet)에서 이용하실 수 있습니다.
(CIP제어번호: CIP2012004580)

정신의 진보를 위하여

달라이 라마와 스테판 에셀이 나눈 세기의 대화

달라이 라마, 스테판 에셀 지음

임희근 옮김

돌베개

차례

왜 '정신'인가

읽어보면 금방 알 수 있겠지만, 이 책은 『분노하라』의 저자 스테판 에셀의 신념 고백을 또 한 번 우려낸 재탕(再湯)이 아니다. 앵디젠 출판사가 지금까지 내온 책들이 뚜렷이 입증해주듯이, 우리의 입장은 크게 주목받은 이 저자의 비슷한 책을 또 한 권 내어 금전적 이득을 취하자는 것이 아니다. 그런 일은 굳이 우리가 하지 않아도 이미 다른 이들이 많이 해온 바 있다. 우리가 바라는 것은 스테판 에셀과 텐진 갸초(16세기 중앙아시아에서 비롯된 달라이 라마 계보의 제14대 계승자), 이 두 인물이 만나서 나눈 이야기를 출간하여 지금 전 세계의 대세인 '정신의 귀환'에 힘을 보태고, 또 가능한 한 많은 사람들에게 그것을 드러내 보일 수 있었으면 하는 것이다. 돈이 인간에게 최고의 가치가 된 뒤로, 오히려 '정신'이라는 것이 튀는 말, 생뚱맞은 말이 되어버리지 않았는가? 일찍이 티베트 망명정부의 수상을 지냈고 바츨라프 하벨 체코 전(前) 대통령 장례식에 달라이 라마의 특사로 파견되었던 삼동 린포체는 이렇게 말했다. "바로 이런 이유로, 중국에 맞서서 하다못해 손 한 번 번쩍 들고 질문 하나

던질 용기를 내는 사람조차 없다. 온 세상이 두려움과 탐욕의 지배를 받고 있다."

　'진보'라는 단어를 물질적 조건화에 유리한 쪽으로(즉, 한국어에서 주로 '발전'이라는 말과 동의어로 쓰이는 경우를 말한다―옮긴이) 이용하지만 말고, 정신 쪽에도 적용해보자. 그래서 '정신의 진보'에 대해 이야기를 좀 해보자. 그런데 여기서 정신이라면, 대체 어떤 정신을 말할까? 우리의 몸―종교를 믿건 안 믿건 상관없이, 사람이라면 누구나 갖고 있는 이 몸―에 깃들인 정신 말이다. 이 '깃들임'이라는 말이 이미 하나의 진실을 말해준다. 정신은 인간의 조건 위로 높이 솟아올라 있는 그 무엇이 아니다. 정신은 우리 삶에 역동적으로 참여하는 주체, 각자의 체험에 따라 쌓아가는 그 무엇이다.

　2011년 8월 15일. 두 사람은 달라이 라마가 '행복의 기술'을 주제로 대중과 소통하던 강연장에서 만났다. 마치 천상의 사람처럼 호리호리한 에셀 옹의 체구가 달라이 라마의 지상(地上)에 굳건히 뿌리박은 에너지와 마침내 만난 것이다. 이 만남은 2011년 8월 프랑스 남부 도시 툴루즈에서 개최된 달라이 라마의 강연에 스테판 에셀이 참석함으로써 이루어졌다.

　"이제 우리는 두 '악마'입니다. 하나보다 둘이 되면 훨씬 힘이 세지요!"라고 달라이 라마는 껄껄 웃으며 에셀 옹에게 말을 건넸다. 중국 정부가 달라이 라마를 폄하해 지칭하는 '악마'라는 말을 이런 식으로 농담에 실어 표현한 것이다. 이른바 이 '악마' 역할을 노옹(老翁) 에셀은 이미 오랜 세월 몸소 체험해왔다. 과거에는 나치에, 현재는 그의 책 『분노하라』에서 역설하듯이 금권 독재에 저항하면서! 이 행사 후 4개월이 지난 2011년 12월 프라하에서 동남아시아 인권에 관한 토론회가 열렸다. 노벨평화상을 받고 1년이 지나도 여전히 구금상태였던 중국의 반체제 인사 류샤오보에게 경의를 표하는 뜻으로, 생이 얼마 남지 않은 바츨라프 하벨 전 체코 대통령이 주도하여 개최한 '포럼 2000'이었다. 이 자리에서 달라이 라마와 스테판 에셀은 본격적으로 대화를 시작했다. 이때 대화의 중점은 1948년 12월 10일—유엔이 파리의 샤이오궁에서 세계인권선언을 채택한 날—부터 지금까지 과연 새로운 보편적 가치들이 도출되었는가 하는 것이었다. 그리고 1948년 당시에는 아직 부재했던 '정신의 진보'가 인권선언 제27조에 이미 명시된 '과학의 진보'와 어깨를 나란히 할 만한 가치가 있는 것인지도 논의되었다.

불의와 타협할 줄 모르는 세속인 스테판 에셀, 그리고 면면히 이어지는 환생의 당당한 계승자이며 티베트 불교의 수장인 제14대 달라이 라마. 이 두 인물의 대면은 그 자체로서 새로운 시대의 징표라 하겠다. 앵디젠 출판사가 창립되기 3년 전인 1993년부터 이미 티베트 쪽에 서서 여러 일을 해온 우리는 진작부터 이 두 인물의 만남을 열망해왔다. 에셀 옹은 달라이 라마보다 열여덟 살이나 연상이지만 '지팡이도 없이' 다니는 정정한 노인이다. 에셀 옹 앞에서는 자신이 '새파란 젊은이'처럼 느껴진다는 달라이 라마는 인권 수호에 헌신해온 이분의 삶과 인품에 매료되었다. 한편 처음으로 불러보는 '성하'라는 호칭의 유일한 대상 달라이 라마를 이곳에서 만난 에셀은, 불교 수행과 가르침에 유럽과 미국의 첨단 신경과학이 도입되면서 명상과 내적 성찰이 우리의 심신 건강에 어떤 영향을 미치는지에 대해 비상한 관심을 갖고 있다.

그런 관심이 이 대담의 단초가 되었고, 그 나머지 일들은 두 분의 공감 능력, 굳게 맞잡은 두 손, 서로 맞댄 이마가 훌륭하게 이끌어주었다.

중국 정부가 티베트 민중을 대상으로 저지르는 문화적 학살은 인류의 유산 중에서도 가장 근본적이고 보편적인 것, 즉 정신에 대해 자행되는 학살임이 이제 명백하게 드러났다. 1990년대 이래로 세계에 비폭력이 전례 없이 확산되고 있다는 사실만 보아도, 이제 세상이 점점 깨어나고 있으며 그런 깨어남이 특정 장소에만 국한된 것이 아니라는 사실은 충분히 증명된다. 물론 아직도 다른 지역 사람들보다 훨씬 고통스럽게, 예컨대 히말라야 국경 너머 티베트 본토에서 자국 문화를 지키려고 분신까지 하며 무거운 짐을 힘겹게 지고 있는 사람들도 있지만 말이다.

'분노하는 이들'의 거침없는 약진을 이 '정신의 전투'와 직결된 세상 곳곳까지 전하는 데에 스테판 에셀의 아낌없는 동참이 필요했다. 이제 그 일이 이루어진 것이다!

실비 크로스만, 장 피에르 바루(앵디젠 출판사 두 편집인)

이 책이 나오기까지 적극 도와주신 분들께 뜨거운 감사를 드린다.

취리히: 켈상 걀첸(달라이 라마의 유럽 특파원), 텐진 D. 셰워(켈상 걀첸의 보조자)

파리: 왕포 바시(프랑스 파리에 있는 티베트 사무국의 사무총장)

셰첸(네팔): 마티외 리카르

코츠차흐−마우텐(오스트리아): 제니퍼 로렌치

달라이 라마와 스테판 에셀이 나눈 세기의 대화

두 '악마'의 만남

스테판 에셀 이렇게 종교인과 독대하여 이야기를 나누는 것은 제게는 좀처럼 드문 일입니다. 저에게 성하(聖下)는 더없이 존귀한 분이십니다. 제가 '성하'라고 부르는 분은 달라이 라마 성하 말고는 달리 없습니다. 이렇게 뵙게 된 자리에서 제 마음속에 있는 이야기를 진솔하게 말씀드리겠습니다.

1948년 '세계인권선언' 문안을 작성할 때 저희는 이런 고민을 했습니다. "이 선언문에서 신에 관한 이야기를 해야 하는가?" 우리가 행동하고 어떤 일들을 성취해갈 때 그것은 '신의 이름'으로 하는 것임을 선언문에 명시하는 게 좋겠다고 생각하는 사람들도 있었습니다. 또 어떤 사람들은 "아니다, 신에 관한 언급은 하지 말자"라고 했습니다. 예를 들면 장평춘(張彭春) 교수 같은 분의 의견이 그러했습니다. 장 교수는 당시 중국 공산당의 마오쩌둥 쪽이 아니라 국민당의 장제스 쪽을 대표하는 철학자이자 공자 전문가, 극작가였습니다. 이 문제에 해법을 제시한 사람은 당시 옵서버 자격으로 선언문 작성에 함께했던 바티칸 교황청 대표였습니다. 그는 "신을 언급하지는 말되, '존엄성'이라는 말을 넣

자"고 했습니다. 세계인권선언문 서두를 읽어보면 '인류 구성원 모두에게 내재하는 존엄성'이라는 말이 언급되어 있습니다. 이 선언문을 작성할 당시 우리는 인간 가족이 환경, 자연, 지구와 상호의존 관계에 있다는 것을 깨닫지 못했습니다. 전 세계의 에너지를 끝없이 써도 환경에 해가 되는 일은 없을 줄로만 알았던 것입니다. 하지만 이제는 압니다. 앞으로 20년 후에는 지구에 사는 70억 인류가 전례 없는 위기에 직면할 수도 있다는 것을 말입니다. "적어도 우리가 좋아하는 도시 파리만은 끔찍한 일을 면할 수 있었으면……." 이런 말은 더 이상 할 수가 없습니다. 아니, 파리만이 아닙니다. 자연 전체가 우리와 공동 운명입니다. 우리는 존엄성의 개념을 자연에까지 넓혀 적용해야만 합니다. 자연 또한 망쳐질 수 있고, 분노할 수 있기 때문입니다.

달라이 라마   저는 불교 승려입니다. 그렇습니다. 종교를 믿는 사람으로서 저는 종교 간 화합을 저의 과업으로 삼았습니다. 하지만 저를 소개할 때는 이렇게 이야기합니다. "저는 지구에 사는 70억 인류의 한 사람입니다. 그리고 이렇게 사람의 몸을 받아 태어난 저는 인류를 돌보는 것을 제 과업으로 정했습니다. 어느 한 나라를 돌보는 것도, 한 정부를 돌보는 것도 아닙니다. 넓은 의미의 '인류'를 돌보고 또 인류라는 범주를 초월해, 우리의 유일한 거처이며 동식물과 함께 사는 이 지구를 돌보는 것입니다. 우리 불교의 전통에서는―물론 서양 철학자들도 일부는 그렇겠지만―동물들 또한 괴로움과 즐거움을 체험하는 존재들이며, 그러므로 그들에게도 의식이 있다고 봅니다. 식물에 관해서는 이미 2,000년 전부터 지금까지 계속 이어져온 논쟁이 있습니다. 식물들에게 이 감각기능이 있는가 아닌가에 대한 논쟁입니다.[1] 어떻든 식물에게도 생존권은 있습니다. 애초에 우리는 자연 한복판에 살고 있었고, 비록 현대 테크놀로지로 인해 자연에서 멀어지기는 했어도 우리가 자연의 일부라는 느낌은 마음속에, 피 속에 있습니다. 우리가 풀밭, 숲, 꽃들을 바라보거나 접할 때면 그 느낌이 되살아납니다. 우리는 자연을 보고 접할 때 평화와 행복을 느낍니다.

상호의존

스테판 에셀 이것은 중요합니다. 그리스도교와 유대교의 관점은, 자연의 대상들에 이름을 붙이고 '이것은 숲이다, 저것은 나무다⋯⋯'라고 말하는 사명을 신이 인간에게 주었다는 것입니다. 저는 이런 접근법이 맞지 않다고 봅니다. 사람은 자연의 주인이 아니고, 그저 수많은 구성 요소의 하나일 뿐입니다. 이를 바탕으로 우리가 생각할 수 있는 것은, 세상의 정신 중에서 꼭 인간의 정신만이 우월한 것이 아니라는 사실입니다. 물론 인간도 그 정신을 일부분 공유할 수는 있겠지만, 정신이 반드시 인간의 전유물만은 아닌 것입니다.

달라이 라마 불교, 자이나교 모두 그러하지만, 절대적인 창조주는 없습니다. 그 자체로서 온전히 독립적인 것은 세상에 아무것도 없습니다. 모든 것은 원인과 조건이 낳은 결과입니다. 만물은 서로 의존하고 있습니다. 우리를 지배하는 유일한 법칙은 연기(緣起)의 법칙²(불교 교리의 바탕을 이루는 법칙으로, 일체의 만물과 현상은 원인과 결과로 상호작용하는 것이지,

그 자체로서 절대적으로 존재하는 것이 아니라는 진리—옮긴이)입니다.

스테판 에셀 그러니까 시작도 끝도 없으며, 오직 움직임만이…….

앤디젠(출판사) 상호의존에 관해 두 분이 나누시는 말씀을 들으니, 이 개념은 우리가 몸담고 있는 전통이 유대-그리스도교 쪽인가 불교 쪽인가에 따라 달리 인식될 수 있겠습니다. 전자의 경우엔 신이 있고, 후자의 경우엔 없고요.

달라이 라마 그리스도교, 유대교, 이슬람교 신자, 그리고 힌두교 전통의 몇몇 유파를 신봉하는 사람들은 모두 '창조주'라는 개념을 받아들입니다. 이 모든 종교 전통들은 오랜 세월 동안 인류에게 큰 도움이 되었습니다. 그러니 그 종교들이 잘 해나가고 있는데 자꾸 간섭하는 것은 아무 소용 없는 일입니다. 단지 그 종교들이 수호하는 가치들—사랑, 연민, 용서의 실천—을 더욱 발전시키는 데 힘쓰면 됩니다. 모든 종교에는 그 종교만의 아름다움이 있고, 우리는 여러 종교를 존중해야 합니다. 하지만 보편적 수준에 이르고자 한다면 다른 차원, 즉 '세속 윤리'의 차원에서 생각해야 합니다. 여기서 '세속'이라는 말을 썼다고 해서 종교를 존중하지 않는다는 뜻은 아닙니다. 세속 윤리는 모든 종교를 존중하며, 종교를 믿지 않을 권리를 지닌 비종교인도 똑같이 존중합니다.

개인의 차원에서 보자면, '하나의 종교, 하나의 진리'라는 생각을 따라야 할 것입니다. 하지만 인간 가족이라는 좀더 넓은 차원에서 생각한다면 우리는 언제나 '다양한 종교, 다양한 진리'라는 생각을 권장해야 할 것입니다. 세계인권선언에는 이 종교, 저 종교의 구분이 없습니다. 인류 전체를 이야기하지요.

스테판 에셀 신이 있다고 보건 없다고 보건, 우리는 인간으로서 책임이 있습니다. 게다가 이제는 1948년 세계인권선언에서 언급된 것처럼 인간 가족에 대한 책임만 있는 것이 아닙니다. 우리가 말하는 '상호의존'이란 종교를 믿는 사람, 안 믿는 사람 가릴 것 없이 우리 모두와 연관되는 이야기입니다. 이제는 우리가 이 새로운 형제애를 자연에 대해 빌휘해야 합니다. 1948년 인권선언을 만들 당시에는 미처 이 책임까지는 인식하지 못했습니다. 그때는 자연에 대해 '아무 생각이 없는' 상태였다고 할 수 있지요. 그러나 이제부터는 초목, 태양, 동물들이 없어지지 않고 살아남도록 행동을 취할 수 있어야만 합니다. 우리가 몸담고 사는 나라들이 추구하는 목표이자 커다란 도전이 이제는 이런 것이어야 한다고 생각합니다.

달라이 라마 그것은 그저 우리의 의무일 뿐만 아니라 인류의 생존이 달린 문제이기도 합니다. 지구온난화, 농가 생산성 감소, 일상생활에서 산소의 희박화, 환경오염 등……. 우리의 인권은 지금 어떤 상태입니까?

스테판 에셀 우리가 이야기 나누는 지금, 남아프리카공화국의 더반에서는 194개국이 모여 기후변화에 관한 제17차 유엔회의를 열고 있습니다. 하지만 그들이 하는 일이 무엇인가요? 별로 없습니다. 그래서 저는 제가 쓴 소책자 『분노하라』의 제목처럼 '분노'하는 것입니다. 우리의 정부들은 너무도 힘이 없고 강단도 없습니다. 성하와 제가 나누는 이런 이야기를, 자연과 인류가 위험에 처해 있다는 사실을 그들도 압니다. 하지만 그들은 움직이지 않고, 구체적인 행동방침도 없습니다. 엄청난 금융체계의 부담에 짓눌려 있기 때문입니다.

달라이 라마 우리는 그저 우리의 행위들이 만드는 눈앞의 효과에만 관심을 가질 뿐, 장기적인 결과는 도외시합니다. 현재 경제위기 때문에 엄청나게 큰 대가를 치르고 있는 국가 지도자급 정치가들에게 제가 이런 이야기를 하니, 그들 대부분이 인정하더군요. 앞으로 10∼20년 후에 일어날 일에 대해서는 거의 신경 쓰지 못하고 있다고 말입니다. 그들은 예를 들면 좀더 큰 빚을 내어가며 눈앞의 문제를 해결하느라 부심합니다. 하지만 미래의 세대, 자신의 자녀들과 손자·손녀들에 대한 책임은 지지 않습니다.

이는 그들이 상호의존을 토대로 생각하지 않기 때문입니다. 우리의 미래는 현재에 달려 있고, 어떤 계획이든 그것을 추진할 때는 장기적인 결과를 생각하면서 해야만 합니다. 1,000년 후까지는 못 내다본다 해도, 최소한 10년 후는 내다보아야지요! 숱한 파업, 그리스와 다른 여러 나라에서 일어나는 소요사태 등을 보십시다. 만약 엄격한 조치를 단번에 난폭하게 강요하지 않고 조금씩 점진적으로 취했더라면 과연 그런 일들이 일어났을까요? 이런 것을 저는 '전일적(全一的) 관점의 결핍'이라고 부릅니다. 정신의 지도(地圖)가 없는 셈이지요.

정신의 지도

스테판 에셀　사람이 아는 바를 행동으로 옮기기란 매우 어려운 일입니다. 우리는 좋은 책들을 읽지요. 그런 책에는 이렇게 쓰여 있습니다. "조심하라. 당신은 휘발유를 과하게 쓰고 있다. 10년 후엔 더 이상 연료로 쓸 기름이 없을 것이다!" 사람들은 그런 책을 읽고 혼잣말을 합니다. '맞아. 하지만 지금 당장 내가 뭘 할 수 있겠어? 차는 계속 갖고 다녀야 하는데 말이야. 기름이 좀 덜 드는 차를 몰도록 해봐야겠지만, 운전은 여전히 하고 다닐 수밖에…….' 아는 것이 행동이 되려면 이보다 조금 더 앞서가는 무언가가 필요합니다. 그 '무언가'는 성하께서 '연민'이라고 적절하게 말씀하신 바로 그것입니다. 우리는 머리로 생각만 해서는 안 되고, 동시에 연민심으로 행동을 해야 합니다. 어떤 일을 할 때 그것이 좋은 일이건 나쁜 일이건 혼자서만 하는 게 아니라는 것을, 남들과 함께, 남들을 위해 그런 일을 한다는 것을 생각해야 합니다. 부디 남이 잘됐으면 하는 배려로 우리 모두가 연결된다면 그때 우리는 함께 앞으로 나아갈 수 있을 것입니다.

달라이 라마 연민, 그렇습니다. 그건 책임감이기도 합니다. '내게는 내 집을 보살필 책임이 있고, 앞으로 태어날 내 자손 세대의 운명에 대한 책임도 있다', 이렇게 자신이 의식할 때, 그때 남들의 의식이 따라오고 행동이 따릅니다. 책임감은 의식하는 데서 나옵니다. 책임감은 믿음에서가 아니라 분석에서 나옵니다. 현존 교육체계는 그 본질상 물질적 가치 쪽을 지향합니다. 마음의 체계를 세워주고 가르쳐주는 내용은 거의 없지요.

정신에 관한 이야기를 하면, 사람들은 우리에게 종교적 주제를 갖고 설법한다고 지적합니다. 하지만 마음이 우리의 일상과 각종 계획들을 이끄는 주체라는 것은 그 누구도 반박할 수 없는 사실입니다. 그런데도 막상 마음이 무엇이냐고 물으면, 이에 관해 우리가 아는 것은 극히 적습니다. 만약 누가 이 대륙에서 저 대륙으로 가고자 한다면, 지도를 길잡이 삼는 것이 당연지사겠지요. 마음의 일부인 연민, 용서 등에 관해서도 마찬가지입니다. 우리는 정신의 지도를 지녀야 합니다. 그 지도의 도움을 받아야만 이 감정에서 저 감정으로 이행하는 법을 알 수 있고, 이곳에서 시작된 감정이 어떻게 다른 감정을 자아내며 그 감정은 또 어떻게 다른 감정을 만들어내는지를 알 수 있습니다. 이런 지도가 있다면 마음속에서 일어나는, 믿을 수 없을 만큼 정교한 활동들을 제대로 인식할 수 있을 것입니다.

이것은 종교적인 일이 아닙니다. 전혀 아니죠. 다만, 우리가 우리 몸에 관심을 갖고, 뇌에 속한 우리의 정신에 관심을 갖는 것입니다. 뇌는 정말 복잡다단합니다. 우리 뇌속에 있는 정신, 의식, 감정 또한 복잡다단합니다. 하지만현대의 교육체계 속에서는 이런 주제에 관해 우리가 전혀배운 바가 없지요.

스테판 에셀 정말 그렇습니다. 학교 교육에서는 우리 정신의복잡성에 대해 그다지 배우는 것이 없지요. 제가 생각하기에 성하께서는 붓다의 가르침을 길잡이 삼아 이 정신의 지도를 잘 발전시키고 감정, 정서, 그리고 그 감정과 정서를비폭력적으로 지켜내는 방법들을 지도상에 입력하시는 듯합니다.

우리 서양인들은 기독교의 교육체계에서도, 종교와 무관한 현대의 교육체계에서도 그런 것을 못하고 있습니다. 저희들은 폭력을 멀리하지 않습니다. "우리가 옳다면, 자, 그럼 행동하자!"라고 말합니다. 반드시 남들을 배려해야 한다는 점을 생각지 않고 그런 말을 하는 것입니다. 여기서 우리는 중요한 메시지 하나를 담습니다. 그것은 성하의 메시지입니다만, 어쩌면 현대적 사유—여성들이 점점 더 중요한 역할을 하게 되는 이 시대—의 메시지이기도 할 것입니다.

달라이 라마 맞습니다. 인간적 감수성, 연민, 비폭력 같은 것들이 발전해가는 데에 여성들의 역할이 특히 중요합니다. 에셀 님이 방금 강조하신 것처럼, 21세기 현대 사회에서 이런 것의 계발이 아직은 한참 덜 된 상태지요. 21세기 현대 사회는 연민, 관용 같은 인간적 심성의 계발보다는 지적이고 학문적인 탁월성만 강조하는 사회입니다.

티베트의 분신 사태

앤디젠　얘기가 나온 김에, 2011년 11월 3일 쓰촨 성(四川省)의 가덴 최링 사원에서 분신 사망한 35세의 비구니 승려 팔덴 최상의 끔찍한 행위에 관해 성하의 의견을 말씀해 주시겠어요? 다람살라에서는 이 지역의 가장 큰 수행 공동체 키르티 사원의 원장 스님이 이 사건을 두고 '지극한 비폭력을 체현한 행위'[3]라고 표현했는데요.

달라이 라마　참 무겁고 어려운 질문입니다. 게다가 이런 사태에 관해 제가 뭐라고 언급하는지를 중국 정부가 호시탐탐 주시하고 있는 만큼, 더욱더 민감한 질문이기도 합니다. 중국 정부 측은 언제든 제가 하는 이야기를 왜곡해서 비난할 태세를 갖추고 있습니다. 불교적 관점에서는 그런 행위를 저지르지 않을 수 없는 비구와 비구니들의 동기가 무엇인지 물어야 합니다. 이 문제에 대해 저는 이렇게 대답하렵니다. 그들이 이런 일을 하는 이유는 개인적 영역이나 가족적 영역을 훨씬 넘어서 있다고. 그들이 목숨까지 희생하는 것은 개인적 이득을 위해서가 아닙니다. 그들의 동기는 아주 원대하고 신실하며, 그들은 오직 티베트와 불교와 그들의 정치적·문화적 권리가 살아남을 수 있는가 없는가 그 생각 뿐이었습니다. 그들의 동기는 정당하다고 할 수 있습니다. 하지만 제가 이런 말을 하면, 중국 정부 측은 즉시 이렇게 맞받아칠 것입니다. "달라이 라마가 이런 분신자살을 부추기고 있다. 심지어 좀더 많은 사람이 이런 희생을 해야 한다고 사주하고 있다!"라고 말입니다. 그래서 저는 그런 말을 할 수 없습니다. 하지만 또 제가 이와 반대로 말을 한다면, 그때는 불행히도 그렇게 분신한 분들의 가족이나 친지들이 얼마나 슬퍼하고 낙담할지 상상해보십시오. "티베트를 위해 자기 몸까지 희생한 비구와 비구니들을 달라이 라마는 인정하지 않는다!"라고 하지 않겠습니까. 이 문제는 정말로 조심스럽습니다.

스테판 에셀 자살의 책임이 분신하는 사람들에게 있는 것이 아니라, 그들이 계속 삶을 이어가지 못하게 만든 사람들에게 있다고 할 수는 없을까요?

앤디젠 성하의 친구인 미국의 로버트 서먼[4] 교수는 말합니다. "만약 중국 사람들이 그 젊은 비구니가 몸에 불을 붙이고 횃불처럼 활활 타오르는 모습을 바로 눈앞에서 볼 수만 있다면, 현재의 모든 체제는 무너질 것이다"라고요.

달라이 라마 13억 중국인들은 현실을 인식할 절대적 권리가 있고, 어떤 것이 정의롭고 어떤 것이 정의롭지 못한지 그들 스스로 판단할 절대적 권리가 있습니다. 통제와 말살의 의도에서 자행되는 검열은 비도덕적입니다. 중국 정부는 실상을 직면할 용기가 없어서 무기와 점령, 언론 통제를 통한 탄압을 택합니다. 1959년 중국의 티베트 점령 이후 우리의 자료에 따르면, 살해당하거나 강제수용소에 감금되어 죽거나 굶어 죽은 티베트인들이 100만 명 이상입니다. 한편 중국의 군사 관련 서류들도 1959년 3월부터 1960년까지 라싸 지역에서만 8만 7,000명이 사망했다고 언급하고 있습니다.

그런 고초를 당하면서도 우리는 항상 비폭력의 길을 택했습니다. 우리가 고수하는 비폭력 정책은 열매를 맺고 있습니다. 지난 2년간 우리는 중국인들이 중국어로 쓴, 우리의 '중도'(中道) 정책을 지지하는 글들을 1,000편이나 찾아 냈습니다. 여기서 '중도'란 앞에서 말한 '연기'와 같은 내용을 달리 표현한 것입니다. 그런 글을 쓴 중국인들은 자기 나라 정부에 대해 대단히 비판적이었습니다. 최근 저는 매우 지식수준이 높은 베이징의 한 중국 청년으로부터 편지 한 통을 받았습니다. 그는 중국 정부의 선전 탓으로 달라이 라마가 분리주의자이며 독립을 획책하는 자라고 믿고 있었다는 것이었습니다. 하지만 인도에서 중국까지 불교 성지 순례를 한 어느 티베트인을 만나고 나서부터 그는 달라이

라마의 입장이 티베트의 독립을 추구하는 것이 아니라 단지 티베트 문화를 말살되지 않게 지키려는 것임을 알게 되었다고 합니다. 그는 "이제부터 달라이 라마를 온전히 지지한다"며, 만약 이 실상을 알게 된다면 중국인들 100퍼센트가 저를 지지할 것이라고 썼습니다. 중국 정부 지도자들이 강력한 군대를 보유하고 있기는 하지만, 속마음은 두려움으로 가득 차 있습니다. 우리 티베트인들은 그들보다 훨씬 강한 정신을 지녔습니다. 이 점은 의심할 나위가 없습니다!

큰 '우리'

스테판 에셀　세상은 우리가 바라는 것만큼 그리 쉽게 바뀌지는 않습니다만, 그래도 어쨌든 바뀌고 있습니다. 성하의 메시지는 믿음과 용기의 메시지입니다. 저도 제한된 방도를 통해서나마 젊은이들에게 어떻게든 이를 표현하려고 노력합니다. 저는 그들에게 말합니다. "상황이 좋지 않다. 하지만 믿음과 신뢰를 갖고 용기를 보여라. 그러면 세상이 차츰, 또는 문득 달라질 것이다"라고요. 단, 혼자 행동할 것이 아니라 남들과 함께 행동하라고요. 21세기 초, 오늘날의 세대는 우리의 젊은 시절에 비하면 엄청나게 유리합니다.

우리가 젊었을 때는, 집에 전화가 있는 사람이 간혹 있기는 했지만 이메일이나 아이패드 같은 것은 없었습니다. 그런데 지금 제 아들딸, 손자·손녀, 그리고 다섯이나 되는 증손자·증손녀들까지도 이런 것들을 다 사용하고 있습니다. 말 한 마디, 강력한 영상 하나가 지금은 아주 빠른 속도로 전 세계에 퍼져나갈 수 있는 겁니다.

달라이 라마　정말 현대의 정보기술은 엄청난 이점이지요.

스테판 에셀 우리의 현대 사회는 취약합니다. 때로는 이 사회가 붕괴하고 있는 듯도 합니다. 따라서 변화는 지난 여러 세기보다 더 빠른 속도로 이루어질 수 있습니다. 우리 서양인들이 인권에 대해 제대로 언급을 시작하기까지 몇백 년이 걸렸습니까? 400년? 500년? 성하께서는 대단한 이점을 갖고 계십니다. 그것은 이미 수천 년 된 '정신', 불굴의 힘을 지니고 여러 세기가 지나도 그대로 있으며 늘 변함없이 탄탄한 이 '정신'을 믿으실 수 있다는 점입니다. 서양인들에게는 그것이 그리 쉬운 일이 아닙니다.

우리 서양인들은 16세기를 토대로 삼습니다. 16세기는 유럽이 변하기 시작한 시기이고, 이 도약이 프랑스 혁명, 아메리카 혁명, 러시아 혁명으로 이어졌습니다. 그것이 실제 어떤 모습으로 구현되었건, 서양의 역사는 점진적으로 구축되었습니다. 하지만 성하께서는 탄탄한 바탕 위에 서 계시며, 또 아주 오래된 토대를 갖고 계시다고 느껴집니다.

달라이 라마 유대−그리스도교 전통도 아주 오래된 것이지요! 실천적 차원에서, 저는 그리스도인 형제자매들이 전 세계의 교육, 보건 분야에 귀중한 기여를 했다고 생각합니다. 불교는 이에 기여한 바가 매우 적습니다. 이슬람교 역시 기여는 했지만 한계가 있었고, 힌두교 또한 그렇지요. 최근에 저는 테레사 수녀님을 추모하는 행사에 참석하기 위해 인도 콜카타에 갔는데, 그 행사에서 그분의 내면의 힘과 그리스도교 전통에 힘입은 그 결단력, 하느님에 대한 그분의 사랑을 언급했습니다. 그처럼 하느님을 가깝게 느낀다는 것은 대단한 일입니다. 반면, 그렇게 되면 자기 자신의 마음공부에 대해서는 덜 민감해지게 됩니다. 불교의 경우에는, 붓다 자신이 제자들 모두에게 이런 말씀을 하셨습니다. "내 가르침을 받아들일 때는 무조건적 헌신이나 믿음으로 받아들여서는 안 되며, 오직 스스로 깊이 탐구한 후에 옳다고 생각하면 받아들여야 한다"라고요. 이렇게 실천하다 보면 우리에게 좀더 큰 책임이 생깁니다. 유대-그리스도교의 신은 모든 책임을 도맡아서 지는 존재지만, 붓다는 따르는 이들의 어깨에 책임을 지워줍니다!

스테판 에셀   우리가 사람으로서 어떻게 책임을 질 수 있는지를 이렇게 짚어주시니 감사합니다.

달라이 라마   예, 우리는 이러한 연기법 실천을 널리 펴서, 지구 전체를 포괄하는 크나큰 '우리'를 발전시킬 수 있습니다. 이는 큰 '전체'라기보다는 큰 '우리'입니다. 하지만 지금 우리는 아직 '우리'와 '그들'의 구분이 지배하는 체계 속에 살고 있습니다. 그리고 이 구분이 우리 정신 속에 깊이 각인되어 있습니다. 그래서 우리는 개인적 이해관계와 갈등 속에 매몰되는 것이며, 때로는 이웃을 착취하고 위협하고 싶은 마음이 생기는 것입니다. 또 그래서 폭력이 생기고 전쟁이 터지는 것입니다. 그렇기는 하지만 여러분이 보편적 박애 정신을 지닌다면, 그때 여러분의 마음은 자연스럽게 활짝 열릴 것입니다. 여러분은 겉과 속이 다르지 않은 투명성과 진실 속에서 움직이게 될 것이며, 그로써 내적인 힘, 나와 남에 대한 믿음이 생길 것입니다. 종종 제가 살아온 지난 60년을 돌이켜 생각하면 '참 파란만장한 삶이었구나' 하는 혼잣말이 나옵니다. 극적인 사건, 심각한 상황, 참 많이도 겪었습니다. 비록 에셀 님처럼 강제수용소에서 지내보지는 못했지만 말입니다.

스테판 에셀 저도 뭐 강제수용소에 아주 오래 있었던 것은 아닙니다……. 열 달 동안 갇혀 지냈지요.

달라이 라마 모든 문제가 아직 해결되지 않은 채 그대로이고, 두려움도 그대로 있는 서글픈 상황입니다. 그래도 확실히 말할 수 있는 건, 제 마음만은 온전히 평온하다는 것입니다.

마음의 과학

스테판 에셀 그렇게 많은 문제들이 산적해 있는데 어떻게 마음의 평화를 지켜내시는지요?

달라이 라마 저는 사람들에게 두 가지를 이야기합니다. 첫째, 자신의 지성을 올바로 쓰라고 합니다. 어떤 상황이든 여러 각도에서 볼 수 있습니다. 제 경우를 생각해보면, 이렇게 말할 수 있지요. "나는 조국을 잃었고, 인생의 대부분을 타지에서 망명객 신세로 보냈다." 그러나 또 한편 이렇게도 말할 수 있습니다. "그 덕분에 나는 온 세상을 알게 되었고, 특별한 의전(儀典) 없이도 다른 사람들과 직접 접촉할 수 있게 되었다. 만약 내가 티베트 라싸의 포탈라궁에 그대로 살았더라면, 현실적으로 별 소용 없는 번거로운 의식 속에 매몰된 삶이었겠지."

둘째로 제가 이야기하는 것은 마음의 따스한 온기입니다. 지금 우리는 여전히 '우리'와 '그들'의 이분법이 지배하는 체계 속에 살고 있습니다. 이 구분선은 항상 우리 마음속에 각인되어, 우리를 보편적 박애 정신과 갈라놓습니다.

스테판 에셀 성하는 매우 명철한 이성의 소유자이시고 학식도 저보다 훨씬 많으십니다. 최첨단의 신경과학자들과도 긴밀하게 접촉하셨고, 그들이 발견한 내용이 성하 자신이 체험한 바와 흡사하다고 보셨지요.

달라이 라마 현대의 신경과학자들이 발견한 것은, 두려움과 미움이 우리의 면역체계를 망치고 있다는 사실입니다. 우리가 심신 양면으로 잘 살아가려면 평온한 마음 상태가 반드시 필요합니다.

스테판 에셀 그렇습니다. 그것 때문에 병이 생기는 것이지요.

달라이 라마 제가 과학자들과 대화를 나누어온 지가 20년이 넘었습니다. 의식, 정신, 감정에 관한 옛 인도의 지식에 그들은 너무도 큰 관심을 갖고 있답니다. 그런 것에 관해 정보를 얻고 싶다는 열망을 표현하는 과학자들이 점점 더 많아지고 있지요. 우리 마음에 관한 공부와 탐구에 대해 불교도들은 1인칭으로 이야기를 합니다(객관적이라는 미명하에 3인칭으로 하는 것이 아니라 바로 자신의 마음을 들여다보고 자신의 수행 체험을 가지고 얘기한다는 뜻—옮긴이).

수백 년 전부터, 우리 불교도들은 마음이 인식하는 것이 어떻게 변하는지를 주의 깊게 보는 쪽으로 수행을 하고 있습니다. 불교에서 쓰는 탐구, 내면 들여다보기, 명상 등의 방법은 수백 년 동안 정립되어온 실제 수행법들입니다.

이 중에서도 가장 중요한 것이 명상입니다. 명상은 종교적인 어떤 의례가 아니라, 마음을 관찰하고 계발하는 치밀한 연습인 것입니다.

스테판 에셀 사람에게 주된 두 가지 힘이 사랑과 미움이지요. 어떻게 하면 미움을 떨쳐버릴 수 있을까요? 살다 보면 누구나 어떤 순간엔든 증오심을 품게 마련이거든요.

달라이 라마 프란치스코 바렐라, '리치', 마티외 리카르[5] 등 저와 가까운 과학자들과 뛰어난 인물들이 저마다 기술과 지식을 나누어준 덕분에, 저는 그분들과 함께 공부하여 마음의 지도를 그릴 수 있었습니다. 이제 우리 뇌의 활동은 1,000분의 1초 단위로, 1밀리미터 단위로 관찰 가능합니다.

일단 마음의 풍경이 명료하게 밝혀지고 통제되면 우리는 연민, 용서 같은 긍정적 감정들까지도 키워갈 수 있고, 그래서 분노, 멸시, 두려움, 증오 같은 파괴적 감정을 줄일 수 있습니다. 즉 기질을 바꿀 수 있다는 이야기입니다. 거듭 말합니다만 이것은 종교 교육이 아닙니다. 단지 '마음의 과학'입니다. 에셀 님도 옛날에 강제수용소에 계실 때, 나치에 대해 아마도 상당히 증오심을 느끼지 않았을까요…….

지팡이도 미움도 없이

스테판 에셀 아뇨, 증오심은 들지 않았습니다. 전혀…….

달라이 라마 그 말씀 믿어집니다! 지금 그 연세에도 지팡이도 없이 걸으실 정도라면, 그건 에셀 님의 마음 상태가 차분하고 평온하다는 증거지요. 그래서 이렇게 건강하신 것입니다. 이 점 저는 정말로 확신합니다!

스테판 에셀 제 인생에서 그야말로 특별한 순간을 말씀드리지요. 1943년 저는 파리에 있었습니다. 나치 점령하 자유 프랑스 정부의 비밀요원으로 활동하다가 갑자기 체포되었습니다. 누군가가 제 등에 권총을 들이대더군요. 속으로 생각했지요. '이젠 끝이구나. 이 사람들이 나를 죽이겠구나.' 그들이 저를 살려둘 리가 없었으니까요. 그들 입장에서 보자면 저는 외국인 비밀요원이고 자기들은 승리자였죠. 그 당시는 그들이 전쟁에서 이겼으니 말입니다. 하나였던 몸과 마음이 따로따로 분리되는 순간이 잠시 있었습니다. 비록 몸은 약해졌어도, 마음은 여전히 열린 상태였습니다. 이

것이 제게는 아주 특별한 경험이었지요. 하지만 이런 상태가 오래 가지는 않았습니다. 왜냐하면 그러고는 바로 끌려가서 심문을 당했으니까요. 그래도 속으로 '아! 이게 바로 죽음이구나!' 하고 혼잣말하던, 둘도 없는 그 순간은 남아 있습니다. 그런데 살아남더군요! 저는 여전히 이렇게 살아 있습니다. 살아남은 것이지요.

달라이 라마 에셀 님은 그저 살아남으신 정도가 아니라 존엄성을 잃지 않고 당당히 생존하신 것이지요. 에셀 님은 적에 대해서 증오심을 느끼지 않았습니다. 우리 불교의 수행법 중에는 '적(敵)이 최고의 스승이다'라는 말을 거듭 외는 방법도 있습니다. 결연함을 잃지 않는 데에 아주 유용한 품성인 관용과 인내, 그것을 실천하는 법을 적으로부터 배울 수 있습니다. 처음에는 더없이 열심히 실천한다 해도 인내가 한계에 이르면 미움, 두려움, 의심이 들게 마련이지요. 관용은 약함의 징표가 아니라 힘의 징표입니다. 자신감이 있는 사람일수록 관용의 마음이 더욱 우러납니다. 화를 내는 것은 취약하다는 표시입니다.

빈부의 격차

스테판 에셀 불행히도 세상에는 이렇게 말하는 사람들이 있습니다. "우리는 응당 누릴 만한 특권을 누리지 못하고 있다. 우리는 가난하고 불행하다. 그래서 저쪽 사람들, 저 자본가들, 권력을 쥔 자들, 그들을 증오하고, 그들을 없애버리고 싶다⋯⋯." 이들의 정신과 마음을 연다는 것, 이건 쉬운 일이 아닙니다.

달라이 라마 1973년, 제가 처음으로 유럽을 방문했던 때가 생각납니다. 제네바에 갔던 어느 날 제가 말했지요. 저는 구세대에게 큰 희망을 두지 않는다고, 그들의 마음이 굳어져 있고 완고하기 때문이라고. 그랬더니 어느 영국 노신사가 충격을 받더군요. 그 뒤로 빈부 격차는 더욱더 심해졌습니다. 당시는 세상 사람들이 지금처럼 연결되지 않고 고립되어 살던 시절인지라, 당연히 사람들은 위협을 느꼈지요. 서구 사회는 추구하던 목표를 달성한 지가 이미 어느 정도 지났는데도 다른 이들에게 손을 내밀지 않았습니다. 우리의 사고방식은 여전히 구태의연한 그 방식, '우리'와 '그들'

을 가차 없이 나누는 방식입니다.

빈부 격차는 더욱 심화되었습니다. 경제제도의 주체들이 우리 사회에서 무시무시한 권력을 장악하고, 빈곤이 계속 곳곳에 절망을 흩뿌리고 있으니 우리 모두는 우리의 경제를 공감에 기반을 둔 경제로 변모시킬 방법을 찾지 않을 수 없게 될 것입니다. '공감 기반 경제'란 존엄성과 정의라는 대원칙을 '세계인권선언'이 명시한 대로 누구에게나 적용시키는 경제입니다.

빈곤은 그 어느 곳에서 창궐하든지, 사회적 조화를 위협하고 불건강한 상태와 괴로움과 무장 충돌을 조장하는 데 한몫을 합니다. 왜냐하면 빈곤은 그저 도덕적 차원에서 비난할 일에 그치는 것이 아니기 때문입니다.

실제 삶의 차원에서도 빈곤은 각종 문제, 분쟁, 전쟁의 피치 못할 원인이 됩니다. 저는 이를테면 카시미르 지역을 두고 벌어지는 인도−파키스탄 분쟁, 이스라엘−팔레스타인 문제, 테러리즘 등을 생각해봅니다. 만약 이런 여세로 분쟁이 계속된다면, 손을 쓸 수 없는 상황이 되어버릴 위험성이 다분합니다.

'가진 자'와 '못 가진 자' 사이에 점점 더 벌어져만 가는 격차, 이것이 자아내는 고통은 모든 이에게 영향을 미칩니다. 단지 고통받는 사람들과 공감하자는 부탁만이 아니라, 사회 정의가 바로 설 수 있도록 좀더 많이 참여하자는 부탁도 함께 드립니다.

스테판 에셀 제 생각에, 모든 이에 대한 존중은 오늘날 국제
법을 통해서 실천할 수 있습니다. 우리는 제도가 갖추어진
국제적 세계에 살고 있습니다. 1945년부터 우리에겐 유엔
헌장이 있습니다. 이스라엘 사람들은 그들의 땅이 신으로
부터 받은 땅이며, 헤브론(예루살렘 남서쪽에 있는 소도시로 아
브라함, 이삭, 야곱 등이 살았다고 전한다. 오랜 세월 이슬람교도들
의 지배하에 있었으나 1967년 이스라엘이 점령한 이후 수많은 팔레
스타인인들이 이곳을 떠나야 했다―옮긴이)도 그렇다고 주장합
니다. 하지만 저는 말합니다. 유엔 헌장은 그 땅을 당신들
에게 주지 않았다고. 유엔 회원국 국민이라면 유엔 헌장과
세계인권선언을 존중하고, 그 선언이 수호하는 문화적·사
회적 권리도 존중하라고. 국제법은 국가이기주의에 앞서는
것이어야 합니다. 모든 민족이 고유의 문화를 누릴 권리가
있음을 명시한 국제법을 준수하지 않는 중국의 경우를 보
십시오. 이렇게 한 나라가 국제법을 준수하지 않을 경우에,
국가이기주의를 고집하는 일을 단념하고 국제법을 따를 수
밖에 없도록 그 나라에 압박이 가해져야만 합니다.

달라이 라마 물론입니다!

비폭력의 실천

앵디젠   2011년 '아랍의 봄'은 한편으로 우리에게 미국의 오바마 대통령이 '비폭력 혁명'이라고 부른 것의 진면목을 보여주었습니다. 튀니지, 이집트의 경우가 그러했지요. 인터넷을 새롭게, 집중적으로 이용하여 확장된 만인 공통의 정신 공간을 만들어낸 것입니다. 또 한편으로는 리비아의 경우처럼 군사적 개입이 있었는데, 이를 촉발한 장본인들은 이를 '인도주의 전쟁'이라고 불렀습니다. 저희가 듣기에 이런 표현은 상당히 역설적인 것 같은데요. 인권은 비폭력과 뗄 수 없이 밀접하게 연관된 것 아닌지요?

달라이 라마   물론입니다. 인권이라는 말은 인간 생명과 존엄성에 대한 존중을 뜻합니다.

스테판 에셀   인권 수호 활동은 스스로 비폭력적인 활동이고자 합니다. 그러나 인권 침해 사례들은 폭력을 낳을 수 있습니다. 바로 이 부분에 '존중'이라는 개념이 개입합니다. 이 개념은 엄청나게 중요합니다. 우리에게는 관용과 존중이 필요합니다. "'나의' 인권이 침해되었으니 나는 폭력에 의존해도 된다"라고 말할 권리는 그 누구에게도 없습니다. 이와 마찬가지로, 어떤 개인적 이익 한 가지를 수호하기 위한 분노는 정당화되지 않습니다. 분노하는 것은 좋지만, 우리 모두와 관계된 인간적 가치의 이름으로 분노하자는 이야기입니다.

달라이 라마 만약 상황이 너무 심각하여 거친 행동을 하지 않을 수 없을 정도라면, 그 어떤 다른 선택의 여지도 없다면, 그때는 설령 이런 행동들이 외관상 폭력적으로 보인다 해도 그 본질은 비폭력적인 것입니다. 이것은 이론상으로는 가능한 일입니다. 하지만 실제는 그리 간단한 문제가 아닙니다. 폭력과 비폭력을 나누는 구분으로 유일하게 가능한 것이 '동기'입니다. 현대 세계에서 그야말로 전염병처럼 번져가는 부패, 이것은 폭력의 한 형태라고 저는 자주 말합니다. 부패의 동기는 속임수와 거짓말입니다. 그러니까 부패는 본질상 폭력적인 행동인 것입니다.

앵디젠 그러면 비폭력적인 마음으로 폭력 행위를 저지를 수도 있겠네요?

달라이 라마 이론상으로는 그렇지요. 하지만 실제로는 방금

말씀드렸듯이, 그리 간단하지 않습니다.

앵디젠　　간디는 이런 말까지 했습니다. "나는 비겁과 폭력 사이에 반드시 하나를 골라야만 한다면, 폭력 쪽을 권하겠다"라고. 예를 들어 간디의 장남이 어느 날 그에게 물었습니다. 1908년 아버지가 암살당할 뻔했을 때 자신이 어떤 행동을 취했어야 하느냐고. "나는 아들에게 대답했습니다. '너의 의무는 설령 폭력을 써서라도 나를 지키는 것이었어야 했다'"[6]라고 간디는 말했습니다.

달라이 라마　　불교에 이와 통하는 비유담이 있습니다. 붓다는 여러 전생 중 한 생에 어느 배의 선장이었는데, 그 배에는 선원이 500명이나 있었습니다. 선장은 선원 중 한 사람이 나머지 499명을 죽이고 그들이 가진 것을 빼앗으려고 음모를 꾸미고 있다는 것을 알게 되었습니다. 선장은 세 차례나 그러지 말라고 그 선원을 설득했습니다. 하지만 그 선원은 고집을 꺾지 않았습니다.

　그러자 선장은 이렇게 생각했습니다. '만약 내가 저 선원을 죽이지 않으면 다른 499명이 죽게 될 것이다. 하지만 다른 한편으로는, 그를 죽이면 나는 499명의 목숨을 구하기 위해, 또한 그가 499명을 죽이는 죄를 범하는 것을 막기 위해 한 사람을 죽인 죄에 따른 악업(惡業)의 결과를 그대로 받게 된다. 게다가 만약 내가 음모를 꾸미는 저 사람을 죽이지 않는다면, 나는 499명의 죽음에 간접적으로 책임이 있다.' 그래서 선장은 무기를 들고 그 선원을 죽입니다〔이 글의 출처는 대승불교 경전인 '대방편경'(大方便經)의 티베트 역(譯)에 나오는 '대비'(大悲) 선장 이야기로, 갈등 상황에서 방편의 중요성을 강조하는 내용이다─옮긴이〕.

단호하고 용감하게

스테판 에셀 아! 그 점 조심해야 합니다! 수백 명의 죄를 면해주기 위해 자신이 희생적으로 죄를 짓는다는 이야기는 현대의 독재자들 모두가 그럴듯하게 내세우는 말입니다. 그들은 이렇게 말하죠. "나는 고문이라는 방법을 쓰지 않을 수 없다. 이 사람을 고문해서 무기가 어디 있는지 실토케 해야 수많은 목숨을 구할 수 있기 때문이다"라고. 이처럼 때로는 폭력이 필요하며 따라서 우리는 폭력을 자행하는 사람들을 용서해야 한다는 주장에는 위험이 도사리고 있다고 저는 생각합니다. 사람들은 인권이라는 미명하에 폭력의 힘을 빌려 독재에 맞서려 합니다. 독재에 대해 우리는 무력하게 대처했는데, 사실은 진작 그 독재 세력이 득세하지 못하게 만들었어야지요. 민중의 고통보다 이기적 이득이 앞선다는 미명하에 사람들은 그런 독재를 묵인한 것입니다. 좀더 일반적으로 표현해, 타인에게 가하는 폭력은 정당화될 수 없다고 합시다. 하지만 자기 자신에게 가하는 폭력은 때로 큰 충격으로 작용해 커다란 변혁의 기폭제가 될 수 있습니다. 튀니지의 노점상 청년 모하메드 부아지지[7]의

분신자살이 바로 그런 경우입니다. 변화의 주원인이 무엇이 될지 우리는 결코 알 수 없습니다. 변화가 점진적으로 온다고 말할 수도 있지만, 갑자기 어떤 일 혹은 고르바초프[8] 같은 한 인물이 핵심이 되어 변화를 촉진시키기도 하지요. 넬슨 만델라[9]의 경우도 그렇고요. 이런 사람들이 앞을 내다보는 통찰력을 지닌 인물이라서 그렇기도 하지만, 또한 상황의 변화 때문이기도 합니다. 언젠가는 중국도 달라질 것이라고 저는 확신합니다. 점차적으로 변하거나, 아니면 분신처럼 뜻밖의 행위를 하는 누군가에 의해서 충격을 받을 것입니다.

달라이 라마　저도 동의합니다. 그래서 제가 아까 '이론상으로'라고 말한 것입니다. 이론상으로는 그렇지만 실제로는 아주 복잡하고 예측불가인 경우가 많지요. 독재정치는 대부분의 경우, 비민주적 정권이 독재를 자행하면서 이루어집니다. 이런 복잡한 상황을 경우별로 판단해야지 일반화할 수는 없습니다. 현재의 많은 문제들이 과거에 우리가 할 일을 게을리 했기 때문에 생겨났습니다. 마지막으로, 저는 폭력과 비폭력의 커다란 차이를 하나 덧붙이고 싶습니다. 힘을 사용하면 결과는 극단적으로 예측할 수 없는 쪽으로 갑니다. 최악의 사태는 언제든지 일어날 수 있습니다. 폭력의 결과는 예측도 통제도 되지 않습니다. 최근 이라크와 리비아의 예에서 보듯이 끔찍한 일이 일어날 수 있습니다. 비폭력은 비록 결실을 맺기까지 시간은 오래 걸려도 상대적으로 위험이 극히 적고, 그 본질상 결과도 예측이 가능합니다.

스테판 에셀 제 생각에 한편으로는 비폭력, 다른 한편으로는 단호함, 이 두 가지를 잘 구분해야 할 것 같습니다. 우리는 완벽히 자신을 신뢰하고 용감하게 행동하면서도 폭력을 거부할 수 있습니다. 지금 전 세계에서 일어나는 '분노한' 이들의 움직임은 무엇을 말합니까? "우리에겐 지키려는 가치들이 있다. 그 가치에 관한 한 우리는 결코 물러서지 않을 것이다. 우리는 단호하다. 그러나 폭력을 쓰지는 않을 것이다."

만델라, 바츨라프 하벨[10], 마틴 루터 킹[11], 심지어 간디까지―앞에 인용한 간디의 말에 어느 정도 유보를 두어야 하는 것이, 간디의 경우는 항상 테러리즘에 대항해 일어났다는 것을 잊지 말아야 할 테니까요―모두 이런 말을 했습니다.

"단호하고 용감하게, 불굴의 의지를 보이십시오. 필요하다면 목숨이라도 바치십시오. 그러나 절대로 남을 죽이지는 마십시오!"라고. 이것은 가능한 일이기도 하고, 때로는 불가능한 일이기도 합니다. 저는 잘 모르겠습니다. 성하께서는 어떻게 생각하십니까?

달라이 라마　1959년 중국이 티베트를 점령하고 제가 인도로 망명했을 때 간디를 추종하는 많은 사람들이 권했지요. 자기들이 인도에서 했듯이, 티베트 국내 투쟁 세력을 조직하라고.

저는 그들에게 대답했습니다. 영국의 제국주의가 비록 나쁘기는 해도 어떻든 민주주의적 가치에 토대를 둔 정부는 갖고 있다고 말입니다. 그래서 어쨌든 법체계는 상대적으로 독립성을 갖추고 있고, 표현과 언론의 자유가 보장되어 있었습니다. 간디는 감옥에서도 자신의 의견을 전달하고 글을 쓸 수 있었습니다. 그런데 중국 공산주의와 같은 현대판 제국주의에는 민주주의도 없고, 인권에 대한 최소한의 규범도 없습니다. 이것이 차이입니다. 하지만 저는 주장합니다. 티베트의 일부 젊은이들은 우리를 보고 너무 수동적이라고 하지만, 우리는 비폭력적 방법으로 우리의 권리가 인정받도록 투쟁을 계속해야 한다고.

"1959년부터 어언 50여 년이 흘렀지만 아무것도 이루어진 것이 없다"라고 그들은 말합니다. 저는 그들에게 대답합니다. "보십시오, 우리에게 연대를 표명하는 중국인들이 점점 더 많아지고 있습니다." 중국 사람들의 이러한 지지는 중요한 승리입니다. 만약 우리가 폭력을 썼더라면 이러한 지지는 절대 얻을 수 없었을 것입니다.

그리고 길게 보면, 독재자들의 정부가 오래 통치한다 해도 중국 인민은 언제나 중국 땅에 그대로 살아갈 것입니다. 언젠가, 비록 만 년 후라 해도 독재자들은 마침내 사라지고 말 것입니다.

과학의 진보와 정신의 진보

앵디젠　　　1957년 노벨문학상을 받은 프랑스 작가 알베르 카뮈는 이렇게 말했습니다. "나는 비폭력 이론을 연구했고, 이 이론이 전범(典範)에 의해 설파될 만한 진리를 보여준다는 결론에 동조하는 입장이다. 그러나 비폭력에는 위대함이 필요한데, 나는 그 위대함을 갖추지 못했다"[12]라고.

스테판 에셀　카뮈는 매우 겸손한 분이었습니다. 그는 이렇게 말했지요. "나는 비폭력적일 수 있었으면 좋겠다. 하지만 그러려면 높은 정신수준의 소유자여야 하는데, 나는 그렇지 못했다"라고. 그로서는 정말 자기 입장에서 진심으로 그런 말을 한 것입니다. "나는 비폭력을 받아들일 만큼 강한 사람이 못 된다." 이 말이지요. 비폭력 원칙을 견지하며 살 수 있으려면 아주 강인한 사람이어야 합니다. 만약 지금 처한 상황이 하도 심각해서 폭력을 쓸까 하는 유혹이 드는데 이런 유혹을 훌쩍 뛰어넘을 수 있으려면 넓고 큰 마음을 지녀야 합니다. 카뮈는 알제리가 프랑스에서 독립하려고 투쟁하던 시대에 알제리에 살았습니다. 그는 이렇게 말했습

61

니다. "나는 간디처럼 행동할 만큼 강한 사람이 아니다"라고. 확실히 비폭력을 구현하려면 지성만이 아니라 감성도 필요합니다.

달라이 라마   명료하고 강한 의식이 필요하지요.

앵디젠   비폭력을 교육할 수 있을까요?

달라이 라마   신경과학자들과 우리가 함께 연구한 결과가 이제 열매를 맺기 시작하고 있습니다. 2년 전, 캐나다 퀘벡 지방의 몬트리올에서 여러 대학교의 많은 교수들이 모여 강의를 열었습니다. 종교와 관계 없이 연민을 가르치는 방법이었지요. 저는 그분들의 초청을 받아서 그곳에 갔습니다. 이러한 접근법은 윤리를 경시하는 요즘 세상의 교육체계와는 정반대입니다.

정말 뚜렷이 기억나는 일이 있습니다. 여러 해 전, 어떤 회의에서 제가 세속 윤리라는 이 주제를 가지고 이야기하던 날이었습니다. 어느 독일 목사가 제게 이렇게 반박했습니다. "윤리라는 것은 모두 종교에 기반을 두어야 합니다"라고. 이슬람교도인 제 친구도 그런 견해를 갖고 있더군요. 종교 없이는 윤리도 없다는 것이 그의 견해입니다. 만약 그렇다면, 종교인과 비종교인 모두를 상대로 한, 즉 보편적인 교육은 생각할 수 없을 것입니다. 이뿐만 아니라 연민, 관용, 신앙과 무관한 전일성 등의 인간적 품성을 계발하는 것은 반드시 종교에서 비롯되지 않은 가치에 토대를 두고도 가능하다고 저는 생각합니다.

이러한 보편적 가치들을 저는 '세속 윤리'라고 칭합니다. 여기서 '세속'이라는 표현은 인도 헌법에 나오는 표현인데, 이 말이 종교를 존중하지 않거나 경시한다는 뜻은 아닙니다. 오히려 정반대로, 모든 종교와 비종교인들을 똑같이 존중한다는 뜻이지요. 이젠 점점 더 많은 교육자, 과학자들이 실험적인 프로그램에 참여하고 있으며, 이미 아주 긍정적인 결과를 얻었습니다. 우리는 내년에 인도 뉴델리에 있는 한 대학교에서 모두 모일 것입니다. 우리와 같은 관심을 가진 교육자들과 함께 모여, 현대 교육체계 속에서 윤리를 가르칠 수 있는 비종교적 방법들을 어떻게 도입할지를 알아내기 위해 매우 본격적인 연구를 진행할 계획입니다. 그래서 지금부터 1~2년 후에는 구체적인 제안을 내놓을 수 있게 되었으면 합니다. 우리는 인도에서 시작할 것입니다. 왜냐하면 지극히 건전한 이 '세속 정신'은 이미 수백 수천 년 전부터 인도 전통 속에 깃들어 이 나라 문화의 일부를 이루고 있으며, 인도는 이를 자국 헌법에 넣어 정치체계의 신성불가침 원칙으로 삼았기 때문입니다.

앵디젠   그러니까 이 '정신의 진보'가 세계인권선언이 제 안한 큰 기획의 틀 안에서 보편적인 것으로 확산되어야 할 소명을 띠고 있는 만큼, 이를 도입한다는 생각도 해볼 수 있겠군요.

현재로서는 세계인권선언 27조에 '과학의 진보'가 명시되어 있을 뿐입니다. 그런데 오늘날 사람들이 '정신의 과학'에 기존의 종교적 타당성을 넘어 보편적 타당성을 부여할 수 있는 것은 바로 이 과학의 진보 덕택입니다.

달라이 라마   예, 저도 그렇게 생각합니다. 다시 한번 말씀드리지만, 정신에 접근하는 두 가지 방법이 있습니다. 하나는 종교적 차원, 즉 믿음의 차원입니다. 그러니까 이는 보편적인 차원이 될 수는 없지요. 또 하나는 좀더 근본적이고 보편적이고 모든 사람에 해당하는 차원으로, 우리 몸에 깃든 그대로의 정신, 사람이라면 누구나 다 지니고 있는 정신, 우리가 '정신의 지도'를 이야기할 때 말하는 그 '정신'의 차원입니다.

정신적 민주주의

스테판 에셀　성하의 말씀에 전적으로 동의합니다만, 저는 특히 '민주주의'라는 말에 방점을 찍고 싶습니다.

민주주의, 이는 '사람들'입니다. 특권층이 아닌 보통 사람들 말입니다. 우리가 도처에서 최상층 부자들과 극빈자들의 기막힌 격차를 목도한다면, 민주주의는 뭔가 행동하고 또 해야 하며, 극빈층이 그들의 권리와 자유를 누리고 살 수 있게 도와야 합니다. 정치는 이런 것을 위해 하는 것이며, 우리는 여기서 정신적 영역을 회복합니다. 우리는 단지 자기 나라의 국가적 자부심에만 관심 갖는 정부가 아니라 다른 나라들과도 함께 일하기를 배우는 정부를 갖고 싶습니다. 우리에게 필요한 것은 정부 간 소통, 그리고 여러 나라의 참여입니다. 왜냐하면 이제는 세계 곳곳에서 무슨 일이 일어나고 있는지를 누구나 알기 때문입니다. 이집트 남부에서 누가 살해당했다면, 우리가 무슨 일을 할 수 있는지를 사람들은 즉시 압니다. 우리에게 필요한 것은 전 세계를 위한 민주적 리더십, 방금 성하가 말씀하신 대로 비폭력과 공감을 계발하는, 종교와 무관한 정신 수련과 상통하는 그런 리더십입니다.

그렇습니다. 종교와 무관한 민주주의. 좀더 높은 차원, 즉 관용의 정신성을 배제하지 않는 민주주의입니다. 하지만 이런 것은 성하께서 하실 말씀입니다. 저는 입을 열기에 적합한 사람이 못 되지요.

달라이 라마 별 말씀을요. 에셀 님은 저보다 연배도 높으시고, 우리들에게 해줄 말씀이 많은 분이지요. 유엔에서 초창기에 직책을 맡아 일하셨고, 세계인권선언문 작성에도 한 몫을 하셨습니다. 세계에서 가장 높은 기관이면서 불행히도 보통 사람들이 아닌 정부들의 대표기관이 되어버린 유엔에 대해 에셀 님의 조언을 좀 부탁드립니다.

세계는 인류의 것이지 왕들의 것도, 정신적 지도자들의 것도, 사업가들의 것도 아니라고 저는 자주 이야기합니다. 미국은 3억 2,000만 미국인의 나라이지 공화당의 나라도, 민주당의 나라도 아닙니다. 중국은 13억 중국인의 것이지 공산당의 것이 아닙니다. 국민에 의한, 국민을 위한, 이것이 진정한 민주주의 체제입니다! 이것이 최선입니다. 제 입장에서는 2011년에 스스로 티베트의 종교적 기능과 세속적 기능을 구분함으로써 이런 쪽으로 변화를 도모했습니다. 이는 1960년대 초부터 티베트 국민 대표자 선출, 그리고 2001년 망명정부의 정치적 수장 선출에 민주적 선거를 도입하면서 시도해온 개혁의 귀결이었습니다. 안타까운 것은, 이 모든 것이 망명 티베트 공동체의 일일 뿐이라는 사실입니다. 이라크 위기가 터졌을 때 여러 사람이 저에게 편지를 보내, 빨리 바그다드에 가서 사담 후세인을 만나라고 재촉했습니다. 저는 사담 후세인과 사전에 전혀 연결이 없었고 이라크에 아는 사람이 아무도 없기 때문에 그런 방문은 의미가 없다고 대답했습니다. 그 당시 제가 어떻게 이라크에 갈 수 있었겠습니까? 차라리 노벨평화상을 받은 여러 수상자들에게 이라크에 가서 일촉즉발의 이 상황을 평화적으로, 비폭력적으로 해결하려는 시도를 해달라고 설득하는 것이 더 효과적일 것이라는 생각이 들었습니다. 저는 심지어 프라하에서 열린 '포럼 2000'—체코 전(前) 대통령 바츨라프 하벨의 주재로 해마다 열리는 회의—때 그렇게 하자는 제안까지 했습니다. 참가자들은 이에 관심을 보였고, 이 제안을 실현시키고자 했습니다. 그런데 유엔이 개입하자 사람들은 자동적으로, 미국이나 다른 강대국이 배후에 있다고 생각했습니다. 그래서 불행하게도 유엔이 주도적으로 취한 많은 시도들이 아무 효과도 없게 되고 말았지요. 동시에, 저는 유엔의 비민주적인 거버넌스 체계가 유엔이 제대로 운영되는 데에 걸림돌이 된다고 생각했습니다. 안전보장이사회[13]의 거부권은 정말 문제입니다. 이 이사회의 회원국 한두 나라가 전체의 의견에 반대하면 의사 진행 전체가 동결될 수도 있으니까요.

유엔 개혁

스테판 에셀 현재 러시아와 중국, 둘 다 안전보장이사회 회원
국인 이 나라들이 국가 이익을 앞세워 시리아의 바샤르 알
아사드 정권의 지독한 폭압을 규탄하는 유엔 결의안 통과
를 막고 있습니다. 알아사드 정권의 잔혹한 모습들이 인터
넷 덕분에 우리에게 매일 전해지는 상황에서, 이는 참을 수
없는 일입니다. 지금은 안전보장이사회를 정치적 안전뿐만
아니라 경제적·사회적 안전까지 책임지는 기관으로 변화
시킬 때입니다.

인구 면에서나 경제·문화 면에서 가장 '책임 있는' 20~
25개국이 안전보장이사회 회원국이 되어야 합니다. 거부권
은 없어져야 합니다. 결정은 예를 들면 전체의 3분의 2 찬
성, 이런 식의 다수결로 이루어져야 합니다.

달라이 라마 벌써 여러 해 전부터 저는, 각국 정부 수반들이
아니라 신망 있는 인사들—체코의 전 대통령 바츨라프 하
벨, 남아프리카공화국의 데스먼드 투투 대주교,[14] 그리고
에셀 님처럼 일반 대중의 신뢰를 받는 분들—로 이루어진

기구가 출범하기를 바라고 있습니다. 이러한 기구야말로 유엔 사무총장 산하에서 전 인류를 대변할 수 있을 것이며, 특히 어떤 결정을 내릴 때에 인류의 보다 일반적인 이익을 고려하지 않는 이 위기의 시대에는 더욱 유용할 것입니다.

스테판 에셀 제 생각도 성하의 의견과 같습니다. 이제는 권좌에서 놓여나 오직 인류의 안녕에만 관심을 두는 고르바초프 같은 인물들로 구성된 '현자(賢者)위원회', 그런 것이 우리에겐 필요합니다. 유엔 사무총장에게 "거부권을 없애시오. 사람들을 모으시오!"라고 말할 수 있을 만큼 현명한 분들로 구성된 위원회 말입니다. 하지만 또 한편 우리에겐 젊은 세대도 필요합니다. 곳곳에서 길거리로 쏟아져 나와 "이런 식으로 통치받는 것을 이제 더 이상 견딜 수 없다. 우리는 진정으로 민주 정부를 원한다"라고 말하는 젊은 세대 말입니다. 그런 젊은이들이 거리에 많이 모인다면, 그제야 비로소 정부들은 현자들의 말에 귀를 기울이든가 아니면 젊은이들을 억압해야겠다고 생각할 것입니다. 젊은이들을 억압하고 싶지 않다면, 현자들의 말에 귀 기울이는 편이 그들에게도 이로울 것입니다!

달라이 라마 그럴 수도 있겠네요.

스테판 에셀   예, 유엔 사무총장의 소임은 평화를 지키는 일, 평화가 널리 확산되도록 돕는 일입니다. 만약 그가 "내가 맡은 일은 학식과 지혜로, 또 여러 다양한 문화의 대표자로 선출된 사람들의 지지가 있어야 하는 일이다. 그런 사람들은 10여 명이면 되고 그 이상도 필요 없으며, 잘 알려진 인물들로 대부분이 여성이어야 한다. 여성들은 인류의 안녕을 책임진 사람들이므로 유엔 내부에 필요한 개혁을 도울 수 있을 것이다. 왜냐하면 지금 우리가 처한 시대는 위기의 입구에 해당하기 때문이다"라고 생각한다면, 그렇게 실행할 수 있습니다. 유엔은 물론 정부 간 기구이며, 여러 결정은 회원국 정부들이 내립니다. 하지만 유엔 헌장 제99조에 따르면 유엔 사무총장에게는 이 기구가 전향적(前向的)으로 발전하도록 할 책무가 있습니다. 그것이 그의 사명입니다.

앵디젠   만약 그런 위원회가 생긴다면, 아시아를 잘 아는 파리 외방전교회 소속 사제인 퐁쇼 신부님의 놀라운 혜안의 힘을 빌릴 수도 있을 것입니다. 퐁쇼 신부님은 크메르 루주의 집단수용소 체제를 비판하는 국제 여론을 처음으로 불러일으킨 분입니다. 그분은 이렇게 말씀하셨습니다. "이런 말이 일파만파를 일으키겠지만, 내 생각에 인권이라는 개념은 보편적인 것이 아니라 유대·그리스도교 ─내가 실천하고 있는 인도주의 활동의 기반이 되는, 모든 인간은 신의 자녀라고 보는 전통―의 유산인 듯하다. 이 전통에 따르면 모든 인간은 신의 자녀이며, 그래서 신성한 것은 오직 인간뿐이다. 그런데 불교에는 원래 '인간'이라는 개념이 존재하지 않는다. 사람이란 하나의 주체가 아니라, 단지 자신의 선행이나 악행에 따라 긍정적이거나 부정적인 것으로 스스로를 채워가는 에너지〔業〕의 다발일 뿐이다! 그래서 누구에게 심판받는 것이 아니라 저절로 심판된다. 인류에 대한 그리스도교식 기여가 강요될 수는 없다. 게다가 내 생각에 서양은 그 물질주의와 오만 때문에 '인권'을 운위할 만한 입장이 아니라고 본다."[15] 이 말씀에 대해 어떻게 생각하시는지요?

스테판 에셀 저는 그 말에 절대 동의하지 않습니다. 퐁쇼 신부님이 물질주의적인 서양의 결함을 잘 지적하신 것은 맞습니다. 하지만 세계인권선언문을 만든 사람들의 노력은 단지 서양만이 아니라 인간의 보편성을 염두에 둔 것입니다. 선언문 작성자 중에는 중국인, 레바논인 각 1명씩, 라틴 아메리카인들, 그리고 인도인 1명도 있습니다. 르네 카생[16]이 이 선언문의 원제에 '보편적'이라는 수식어를 공연히 붙인 것이 아닙니다. 국제적인 발표문들 중에 '보편적'이라는 단어가 들어간 것은 오직 이 선언문뿐입니다. 이 선언문이 서양 중심주의라는 옳지 않은 비난을 함으로써 세계의 여러 독재자들이 그 핑계로 이 선언문의 요구사항들을 지키지 않게끔 빌미를 주어서는 안 됩니다. 그렇습니다, 신은 정의를 강요하는 주체가 아닙니다. 이 책임을 지는 것은 사람들, 민주주의자들입니다.

달라이 라마   어느 나라, 어느 대륙 출신이건, 우리는 모두 근본적으로 똑같은 인간입니다. 필요로 하는 것도, 관심사도 같습니다. 인종, 종교, 성별, 정치적 지위에 상관없이 우리 모두는 행복을 추구하고 고통은 피하려 합니다. 인간, 사실 모든 유정(有情, 주 1 참조)들은 행복을 추구하며 평화롭고 자유롭게 살 권리가 있습니다. 아시아의 몇몇 나라 정부는 주장하기를, 세계인권선언에서 정한 인권의 기준은 서양에서 주장하는 기준인데 아시아와 또 다른 제3세계는 문화가 서양과 다르고 사회적·경제적 발전수준도 균일하지 못하기 때문에 그런 곳에는 이 선언이 적용될 수 없다고 했습니다. 저는 이런 견해에 동의하지 않습니다. 아시아 사람들도 대부분 저처럼 이 견해에 동의하지 않는다고 확신합니다. 왜냐하면 자유, 평등, 존엄을 열망하는 것은 모든 인간에게 내재한 본성이며, 아시아인들도 다른 사람들과 똑같이 그것을 누릴 권리가 있으니까요.

저는 경제발전의 필요성과 인권 존중의 필요성 사이에 어떤 모순도 없다고 봅니다. 문화와 종교의 풍부한 다양성은 어느 공동체에서나 인간의 기본권 강화에 도움이 되어야 할 것입니다. 이러한 다양성의 토대를 이루는 것은 인간 가족의 구성원으로 우리를 이어주는 가치와 열망들이기 때문입니다.

사회적·문화적 차이는 어떤 경우에도 인권 침해를 정당화하는 데 이용될 수 없습니다. 다른 인종, 여성, 사회적으로 취약한 범주에 속하는 사람들을 차별 대우하는 일은 어떤 차이로도 정당화될 수 없습니다. 만약 정당화하는 일이 있다면, 그런 행동은 바뀌어야만 합니다. 모든 인간이 평등하다는 보편적 원칙이 우선되어야만 합니다. 인권의 보편성에 반대하는 것은 주로 권위주의, 전체주의 정권들입니다. 이런 생각에 굴복한다면 그것은 전적으로 잘못된 일입니다. 오히려 반대로 그런 정권들에게는, 그 나라 사람들에게 장기적으로 또한 좀더 광범하게 보아 이득이 되게끔, 보편적으로 인정받은 원칙들을 준수하고 그 원칙에 따르도록 압력을 가해야 합니다.

우리에게 필요한 것은 사랑

달라이 라마 에셀 님은 유엔 사무총장에게 앞서 말씀하신 '현자위원회'를 만들자는 제안을 할 만한 도덕적 권위를 갖추신 분입니다.

스테판 에셀 성하, 저는 이제 너무 늙었습니다. 제 나이가 되면 이제 죽은 다음을 대비해야지요. 그런 일은 이 땅에 계속 살 사람들에게 맡길 일입니다. 이렇게 어제에 이어 오늘도 연일 성하와 함께할 수 있다니 제게는 큰 영광입니다. 얼마 후면 아마도 저는 이미 세상에 없고 성하만 계시겠죠. 저는 다른 세상에 가 있겠지만, 성하를 생각할 것입니다. 어디에 있든 성하를 생각하겠습니다. 그리고 성하가 원하시는 일들이 모두 이루어지기를 바라겠습니다. 모든 이에게 평화가, 관용이, 선한 생각이 깃들기를, 향기로운 포도주와 아름다운 시가 함께하기를 바랍니다.

달라이 라마 저의 주요한 두 가지 약속은 이러합니다. 하나는 세상의 종교들이 서로 조화를 이루도록 돕겠다는 것, 또 하나는 깨달음과 인간의 내면적 가치를 북돋우겠다는 것. 제가 보기에 깨달음과 인간의 내면적 가치야말로 성공한 삶, 의미 있는 삶의 궁극적 원천입니다. 저는 죽을 때까지 이 약속을 지키겠습니다. 어떤 일이 와도 저는 항상 이 두 과업에 헌신할 것입니다.

앵디젠　　　달라이 라마 성하, 시를 좋아하시는지요? 이제 대담을 마치고 헤어지시기 전에, 수백 편의 시를 암송하시는 스테판 에셀 님께서 셰익스피어의 소네트를 한 편 낭송해주시면 어떨까요. 1944년 7월, 당시 청년이었던 에셀 님이 게슈타포에 체포되어 곧 처형당할 것을 예상하며 주머니에 슬쩍 집어넣은 책이 바로 이 소네트가 실린 시집이었다면서요. "내가 죽어도 날 위해 울지 마시오……", 이렇게 시작하는 그 시 말입니다…….

스테판 에셀　　아뇨, 그 시 말고요. 그 소네트는 방금 이 자리에서 우리가 한 이야기와 어울리지 않습니다. 우리에게 필요한 것이 사랑이니, 그 시보다는 이 시를 읊어드리렵니다.

> 진실한 마음들이 하나 되는 데에
> 그 어떤 장애도 나 인정 못 하리
> 만약 변함을 보았다 하여 자신도 변한다거나

상대방이 물러선다 하여 자신도 물러선다면

그 사랑은 사랑이 아니네.

오, 아니네! 사랑은 늘 꿈쩍 않는 푯대로

폭풍우를 지켜보며 결코 흔들리지 않는 것

사랑은 길 잃은 모든 배의 길잡이 별

그 높이야 잰다 하여도 가치는 알 길 없는 것

장밋빛 입술과 뺨이 시간의 낫질을 못 피하고 시들어도

사랑은 시간에 휘둘리는 바보가 아닌지라

덧없는 날이 가고 달이 가도 변함이 없이

죽음의 벼랑에 설 때까지 오롯이 지탱되는 것

만약 이 말 틀렸다 증명하는 자 있다면 말하리.

나 결코 글 쓴 바 없으며, 지금껏 사랑을 한 자 아무도 없

노라고.[17]

달라이 라마 **훌륭합니다!**

1   마티외 리카르 스님의 설명에 따르면, 불교에서 '유정'(有情, sentient being, être sensible)이란 '의식(意識)을 지닌 존재'라는 뜻으로, 괴로움(苦)과 즐거움(樂)을 구분할 수 있는 존재를 말한다. 즉 이 논쟁은 식물이 유정인가 무정(無情)인가 하는 논쟁이다.

2   연기법이란 자연 현상에 예외 없이 적용되는, 원인과 결과의 상호작용 전체를 가리킨다. 카르마(業)('행위'라는 뜻의 산스크리트어―옮긴이)는 특히 선한 생각이나 악한 생각에서 나온 행위(선행, 악행)의 결과를 말한다. 2세기 인도의 불교철학자 나가르주나(龍樹)는 특히 그의 저서 『중론』(中論)―'중도'를 논한 책으로서 중도는 '상호의존', 즉 연기를 지칭하는 말이다―에서 연기법을 심도 있게 연구하여 대승불교에서 '제2의 붓다'로 여겨지는 인물이다. 중도란 어떠한 절대적인 깃과도 거리를 둔다. 창조주인 절대 신과도, 완전한 허무주의와도 거리를 두는 것이다. 모든 것은 그럴 만해서 벌어지는 일이며, 그 자체로 존재하는 것은 아무것도 없다. 따라서 그 중도에 대해 적극적으로 행동을 취하는 것도 가능하다. 자유를 온전히 인정하는 이러한 진리는 서양에서는 20세기 독일의 현상학자 에드문트 훗설(1859~1938)에 와서야 비로소 철학으로 정립되었으며 훗설의 철학은 현대 철학에 지대한 영향을 주게 된다.

3   2011년 3월 16일부터 이 책(원본)의 출간 시점까지 분신(焚身) ─ 불교적 용어로는 소신(燒身) ─ 을 한 사람의 수는 전부 26명으로 집계되었으며, 그중에는 승려 ─ 2명은 비구니, 나머지는 비구 ─ 도 있고 재가(在家) 불자들도 있다. 여기에 추가해야 할 사례가 2009년 2월 27일 키르티 사원에서 분신한 젊은 비구 타페이다. 그를 선두로 하여 이 분신 대열은 계속 이어지게 된다. 이 분신 사태는 대부분 쓰촨 성의 암도 지방에서 일어났다. 암도는 옛날 티베트의 3대 지역 중 하나였고 현재의 제14대 달라이 라마 역시 암도 출신이다. 키르티의 수행 공동체는 쓰촨 성의 큰 사원 두 곳으로 이루어져 있는데, 티베트 고원 지대에 띄엄띄엄 흩어져 자리한 작은 사찰 40여 곳이 이 두 사원에 소속되어 있다. 그리고 세 번째 사원은 1990년 다람살라 망명지에 다시 세워졌는데, 프랑스『누벨 옵세르바퇴르』지(誌)의 베이징 특파원 위르쉴라 고티에는 이 사원을 '운동의 본거지'라고 본다. 티베트 본토 내 저항의 중심지인 이 공동체는 2008년 봉기의 핵심이었다. 2008년 이곳의 승려와 재가 불자들은 중국 정부가 자행하는 문화적 학살에 맞서서 함께 일어나, 이 지역의 저항운동에 불을 붙였다. 베이징 중국 정부 측은 4년 전부터 경찰과 군의 집중적인 통제를 받고 중화인민공화국 인민으로 애국적 재교육을 받으며 강제 동화되는 체계적 작업에 동원되어오던 키르티의 수행승들이 티베트 외부의 저항 세력과 적극적 관계를 맺고 있다고 의심했다. 2011년 3월 이후 중국 공산당 정권은 그 억압을 한층 배가해 젊은 승려들뿐만 아니라 업보(業報)의 지중함을 너무도 잘 아는 원로 고승들까지도 끔찍한 분신자살의 길로 몰아넣었다. 불교에서는 자살 같은 극단적 업을 지으면 그간 쌓아온 공덕에도 불구하고 500생을 되돌아가 다시 태어나고 또 태어나는 윤회를 거듭하며 살아야 한다고 한다.

4   영화배우 우마 서먼의 아버지인 로버트 서먼은 미국 뉴욕 컬럼비아 대학교 인도불교학과 교수다. 달라이 라마와 절친한 친구인 그는 1997년『타임』지가 선정한 '미국에서 가장 영향력 있는 25인' 중 한 사람이기도 하다.

5   프란치스코 바렐라는 신경과학의 대가로서, 1987년 '마음과 삶 연구소'(Mind and Life Institute)를 공동 창립했다. 이 연구소는 과학자와 불교 전문가―불교학자와 명상가―간의 협력과 대화를 위해 설립되었다. 리처드 데이비드슨(일명 '리치')은 뇌의 정서적 활동 연구 분야에서 세계적 전문가로 꼽히는 학자다. 그는 미국 매디슨 대학교에서 뇌 영상 실험실을 이끌고 있으며 15년 전부터 명상이 뇌에 미치는 영향에 관한 연구의 최첨단에 서 있다. 마티외 리카르는 불교 승려이자 세포 유전학 박사로 40년 전부터 히말라야 산중에 살면서 달라이 라마의 프랑스어 통역을 맡고 있으며, 수행과 명상이 뇌와 행복에 미치는 영향에 대한 연구에 초기부터 동참해왔다.

6   간디(1869~1948),「칼[劍] 주의」, 주간『영 인디아』지, 1920년 8월 11일자. 간디는 이 주간지의 편집장으로 일했다. 간디는 비폭력을 도덕이 아니라 '이성'의 이름으로 주창했음을 기억해야 할 것이다. "'이성'은 비폭력의 다른 이름"이라고 그는 썼다. 왜냐하면 폭력은 그 비효율성으로 말미암아 이성과 충돌하기 때문이며, 폭력은 비효율성을 더욱 증폭시키고 감정을 자제하는 장치를 풀리게 할 뿐이기 때문이라는 것이다. 비폭력은 어느 모로 보나 결코 수동적인 상태가 아니라고도 그는 썼다. 간디는 '직접 행동'―불매운동, 단식, 비협조 등등―을 주창하는 사람이다. 그는 러시아 문호 톨스토이(1828~1910), 미국 수필가 헨리 데이비드 소로(1817~1862)의 시민불복종에 관한 글들을 감옥

에서 알게 되어 읽고 거기서 자신의 행보를 '과학적으로 확인'했으며, '기니'와 시장경제가 세상을 망치는 역할을 한다고 주장한 영국의 존 러스킨(1819~1900)의 저작도 읽었다. 간디는 또한 쿠란과 신약성서를 공부했으며, 특히 옛 인도의 대서사시로 된 경전 『바가바드 기타』도 공부하여 풍부한 지적 자양을 축적했다.

7   2010년 12월 17일, 튀니지 중부의 도시 시디 부지드의 이 젊은 행상은 허가증 없이 영업한다는 이유로 검문을 당했다. 그는 이러한 불의에 항의하기 위해 스스로 몸을 불살랐고 급기야 2011년 1월 4일에 사망했다. 사람들은 이런 그의 몸짓이 '아랍의 봄'이라는 최초의 혁명의 단초가 되었다고 평가한다. 이러한 항거는 2011년 1월 14일 튀니지로 확산되어 벤알리 대통령의 사임으로 이어졌고, 밀물 같은 항거를 촉발했으며, 아랍 국가 거의 전역으로 차츰차츰 퍼져나갔다. 이와 같은 움직임은 사회적 관계망의 힘에 호소함을 그 특징으로 하는 새로운 형태의 비폭력에 의거하게 되었다.

8   미하일 고르바초프는 1931년생으로, 1985년 3월 11일에 소련 공산당 서기장이라는 최고위직에 선출되었다. '글라스노스트'(개방, 투명) 혹은 '페레스트로이카'(개혁, 재구조) 정책을 넘어서 고르바초프는 비폭력의 진정한 실천을 이끌었다. 이는 국내 정치뿐만 아니라 국제 정치에서도 마찬가지였다. 국내에서는 1917년, 10월 혁명 이래 최초로 자유선거의 토양을 마련했고, '당의 지도적이고 주도적인 역할'을 폐기했을 뿐 아니라 언론의 자유를 보장했으며, 사금융 부문에 자리를 내주었다. 1990년 보통선거로 선출된 의회에 의해 소비에트 연방 대통령으로 선출되었지만 여전히 소련 공산당 서기장도 겸임한 그는 핵무기 폐기와 무력 사용 포기를 천명했다. 예를 들면 그는 달라이 라마의

생각처럼, 사담 후세인이 이라크 분쟁에 뛰어들지 못하게 말리려 했다. 1991년 보수 세력의 위협, 개혁 성향을 지닌 경쟁자들의 개인적 야망, 관료주의 관행의 지속과 연관된 고물가에 저항하는 광부들의 파업, 소비에트 연방의 붕괴—특히 발트 3국(라트비아, 에스토니아, 리투아니아의 세 공화국)의 독립 요구—, 이러한 요소들로 말미암아 위험에 처한 그는 유혈 사태를 피하기 위해 사임하는 쪽을 택한다. 고르바초프는 1986년에 인도 수상 라지브 간디와 비폭력 협정을 맺었으며, 1990년 노벨평화상을 수상했다. 달라이 라마는 1989년에 이 상을 받았다.

9   1918년 남아프리카공화국에서 태어난 넬슨 만델라는 변호사로 일하며 남아프리카공화국에서 소수자이면서 힘을 쥔 백인들이 강요하는 인종차별에 맞서 싸우는 데에 일생을 바쳤다. 1944년 아프리카 국민회의(ANC)에 가입한 그는 처음에는 평화적으로 활동을 해나갔다. 그러나 1960년에 인종차별 철폐 활동이 금지되자 만델라는 ANC의 무장 분회를 만들어 회장이 된다. 군대의 주둔을 반대하는 태업 운동을 벌였다가 체포되어 무기징역을 선고받는다. 27년 수감생활 끝에 1990년에 석방된 그는 프레데릭 데 클라르크 대통령 정부와의 화해 정책을 지지하여 마침내 인종차별 정책 철폐를 이끌어낸다. 이후 그와 데 클라르크 대통령은 1993년 노벨평화상을 공동 수상한다. 1994년, 만델라는 남아프리카공화국 최초의 흑인 대통령이 된다. 비폭력이라는 견지에서 1990년대가 얼마나 큰 진전을 본 시기인지를 반드시 언급하고 넘어가야 할 것이다.

10   바츨라프 하벨은 1936년 10월 5일 체코슬로바키아의 프라하에서 태어났다. 극작가였던 그는 12년 동안 체코슬로바키아 반정부 운동의 지도자였으며 이 중 5년은 옥중에 수감된 채로 보냈다. 1968년 '프

라하의 봄'에 적극 동참했으나 이 운동은 소련의 탱크에 의해 무참히 짓밟혔고 이후 20년간 그는 자기 조국인 체코슬로바키아에서 책 출간을 금지당한다. 그는 자유와 인권 존중을 주장하는 선언인 '77헌장'의 주동자 중 하나였으며, 1989년 11월에는 '시민 포럼'이라는 반정부 운동을 기획했다. '시민 포럼'은 벨벳 혁명 당시 체코슬로바키아 공산당 지도부에게 권력을 내려놓으라는 압박을 가한 운동이었다. 1989년 12월부터 1992년 7월까지 그는 체코슬로바키아공화국 대통령을 지냈으며, 그 후 나라가 '체코'와 '슬로바키아'로 양분되는 것을 막지 못하고 다시 1993년부터 2003년까지 체코공화국 대통령을 지냈다. 그는 1989년의 시위자들과 함께 "사랑과 진실은 증오와 거짓을 이겨야만 한다"라고 주장했다. 이는 그가 깊은 휴머니즘과 민주주의 수호 정신으로 체코 사회를 위해 대통령직을 맡기 직전의 일이다. 그는 2011년 12월 18일에 폐암 후유증으로 별세했다. 동남아시아 인권문제를 주제로 열린 '포럼 2000' 행사에 그가 스테판 에셀과 함께 초청했던 달라이 라마를 반갑게 맞이하여 인사를 한 뒤 꼭 1주일 만에 세상을 떠난 것이다. 이 포럼은 중국의 류샤오보—'77헌장'에서 영감을 받아 중국 민주화를 주장한 '08헌장' 작성에 큰 역할을 하여 노벨평화상을 받고 1년 후 수감되어 아직도 복역 중인 반정부 인사—에게 헌정된 행사였다. 바츨라프 하벨은 류샤오보가 노벨평화상 후보에 오를 수 있도록 큰 역할을 했다.

11   아프리카 출신 미국인으로 침례교 목사인 마틴 루터 킹은 1929년 1월 15일 미국 애틀랜타에서 태어나 1968년 4월 4일 테네시 주 멤피스에서 살해되었다. 미국 흑인들의 시민권을 위해 투쟁한 비폭력 투사이자 베트남전에 반대하여 활동한 평화주의자, 빼어난 웅변가였다. 1963년 8월 28일 워싱턴의 링컨 추모관에서 행한 그의 연설 '나에겐

꿈이 있습니다'는 신화적인 연설이 되었다. 그는 대중교통에서 자행되는 인종차별에 맞서기 위해 앨라배마 주 몽고메리 시 버스 승차 거부 운동 같은 활동을 펼쳤다. 이러한 권리들은 대부분 린든 B. 존슨 대통령 임기 중에 '민권법'과 '투표권법'으로 선포된다. 1964년, 마틴 루터 킹은 최연소 노벨평화상 수상자가 된다. 그는 사후에 1977년 지미 카터 대통령으로부터 대통령이 수여하는 자유훈장을 받고 1978년에는 유엔 인권상, 2004년에는 미국 연방의회가 수여하는 황금훈장을 받는다. 1986년부터는 그의 생일인 1월 15일이 국경일 '마틴 루터 킹의 날'로 지정되어 미국인들은 해마다 이를 기념하고 있다.

12 　알베르 카뮈, 에티엔 브누아에게 보낸 편지, 1952년 3월 12일. 올리비에 토드가 그의 저서 『카뮈의 일생』에서 인용한 부분. 브누아(1901~1954)는 비폭력 투사로, 유작 『작은 유언장 '우리는 자유로부터 도망치지 못한다'』(알랑송, 알랑송인쇄소, 1970)를 남겼다.

13 　유엔 안전보장이사회의 회원국은 15개국인데 그중 상임이사국이 다섯 나라—중국, 미국, 러시아, 프랑스, 영국—이다. 상임이사국에는 거부권이 있다. 안전보장이사회는 유엔에서 유일하게 비민주적인 기관이다. 유엔 산하의 전문 기구들이 모두 다수결 원칙으로 돌아가는데, 유독 안전보장이사회만 상임이사국인 다섯 나라의 만장일치가 있어야만 결의안을 통과시킬 수 있다. 스테판 에셀은, 이러한 장치는 확실히 이 다섯 '강대국' 중 적어도 한 나라—만약 이런 장치가 없고 다수결로 할 경우, 소수 입장일 때 자국의 주요 이익이 위협받을 것을 우려하는 나라—를 안심시키기 위한 장치임을 환기시킨다. 이러한 만장일치 조항은 '거부권'이라는 이름으로 더 잘 알려져 있다. 옛날에는 물론 꼭 필요한 조항이었겠지만, 현재 시리아 문제 같은 초미의 관

심사에 대해 유엔이 행동을 취하는 것을 종종 가로막는 것이 바로 이 거부권이다. 시리아 정부가 자국민에게 저지른 범죄에 대하여, 유엔 회원국 다수가 바샤르 알아사드 정권을 응징하는 데에 찬성했지만 안전보장이사회의 중국과 러시아가 이에 반대하고 있다.

14   1984년, 노벨평화상 수상자는 데스몬드 음필로 투투였다. 인종차별에 저항하면서, 인종차별자들에 대한 복수를 주장하는 흑인들에게도 맞서는 불굴의 전사였던 남아프리카공화국의 흑인 주교(성공회 성직자) 투투는 미사의 강론(講論)을 통해 끊임없이 평화와 비폭력을 주창했다. 남아프리카공화국의 백인 정부에 맞선 그의 투쟁에서 강론은 중요한 부분을 차지한다. 1986년, 그는 흑인으로는 최초로 남아프리카공화국 성공회 대주교의 지위에 오른다. 1995년에는 넬슨 만델라가 창립한 '진실과 화해 위원회' 위원장이 된다. 그는 전 세계, 특히 티베트의 인권 수호에 적극적으로 앞장서고 있다. 2009년 3월, 그는 1만 명이 서명하고 유명인사 40인이 지지하는 편지에서 중국 정부 당국자들에게 '달라이 라마의 이름을 거론하고, 비난하고, 함부로 폄하하는 행위를 중단하라'고 촉구했고, 유엔 고등판무관사무소에는 티베트를 방문해 인권 관련 현 상태를 파악하라고 촉구했다.

15   프랑수아 퐁쇼 신부, 2011년 12월 6일 『르몽드』지에 실린 대담, 브뤼노 필리프 정리.

16   르네 카생(1887~1976)은 1948년 12월 10일 파리 샤이오궁에서 유엔이 채택한 세계인권선언의 아버지로 불리는 인물이다. 2차 세계대전 중 '자유 프랑스'의 일원으로 런던에서 드골 장군을 보좌한 그는 법률가이자 외교관이었고, 파리에 있는 프랑스 국무부 인권자문위원회

위원장을 지냈다. 그는 루스벨트 대통령의 부인 엘리너 루스벨트―세
계인권선언문 작성 임무를 맡았던 인물―가 위원장으로 있던 유엔의
위원회를 주도했다. 당시 젊은 외교관으로 유엔 부사무총장 앙리 로지
에를 측근에서 보좌하던 스테판 에셀은 이 위원회의 보좌팀을 이끌었
고, 이 직분으로 유엔 총회와의 긴밀한 관계를 담당했다. 프랑스를 포
함한 일부 국가들은 그들의 식민주의 패권이 이 선언으로 말미암아 위
협받지 않을까 우려했으나, 카생 덕분에 이 선언은 이루어질 수 있었
다. 1945년 4월에 별세한 프랭클린 루스벨트 대통령처럼 카생도 인권
에 대해 요구할 것은 요구하고 적극적으로 개입하자는 생각을 갖고 있
었다. 카생이 1968년 노벨평화상을 받은 것은 지극히 당연한 일이다.

17   셰익스피어 소네트 116의 영어 원문.

Let me not to the marriage of true minds

Admit impediment. Love is not love,

Which alters when it alteration finds,

Or bends with the remover to remove.

O no it is an ever-fixed mark

That looks on tempests and is never shaken,

It is the star to every wandering bark

Whose worth's unknown although its height be taken.

Love's not Time's fool though rosy lips and cheeks

Within its bending sickle's compass come,

Love alters not with his brief hours and weeks

But bears it out even to the edge of doom.

If this be error and upon me proved

I never writ nor no man ever loved.

두 그루 거목과 만나다

이 책은 2011년 12월 9~10일 프라하에서 나눈 달라이 라마와 스테판 에셀의 대담을 엮은 것이다. 원제는 '평화를 선언하자!'(Déclarons la paix!)이고 부제가 '정신의 진보를 위하여'(Pour un progrès de l'esprit)로, 2012년 5월에 프랑스 앵디젠 출판사에서 출간되었다.

『분노하라』(Indignez-vous!)의 한국어판이 2011년 6월 7일에 출간되고 두 달이 지난 한여름 8월, 나는 파리를 찾아 저자 스테판 에셀 님을 직접 뵙게 되었다.

출국 전 방문 약속을 정하고자 드린 전화를 에셀 님이 직접 받으셨다(그 후에도 몇 번 전화를 드릴 때마다 번번이 손수 받으셨다. 심지어 편찮으실 때조차도). 파리에 도착해 전화를 하면 날짜를 일러주시겠다고 하셨다. 찾아와 무슨 얘기를 할지 그런 것을 자세히 묻지도 않았다. 격식을 차리거나 유명 인사 티를 내지 않는, 선선한 약속이었다. 『분노하라』 출간 뒤 그 많은 인터뷰를 소화해낸 분답다고 생각되었다.

『분노하라』가 출간되자마자 일약 세계적인 베스트셀러가 되어 인구에 회자되면서 빈번한 대담과 취재에 응하고 유럽 각국에 초청을 받는 등 90대에 그리도 왕성한 활동을 하시는 동력이 어디서 나오는지 궁금했다. 이 책 『정신의 진보를 위하여』의 소제목에도 나오듯이 '지팡이도 미움도 없'는 이 노인을 직접 만나 뵙고 그 에너지의 원천을 확인하고 싶다는 마음이 컸다.

파리에서 며칠 만에 전화 통화가 되어, 8월 12일 오후 세 시부터 한 시간 동안 뵙기로 약속이 되었다. 에셀 님은 차 한 대가 지나다닐 만한 조붓한 길에 남쪽을 면하여 서 있는 오래된 아파트, 그 3층에 살고 계셨다. 현관문의 벨을 누르니 직접 문을 열어주셨다. 평생 외교관 일에 헌신해온 분답게 단정한 정장에 넥타이까지 맨 차림새였다. 조금 어두운 거실은 별다른 장식 없이 간소했으며, 짙은 갈색 책상과 서가가 눈에 띄었다. 책상 한쪽에는 각 나라 말로 출간된 『분노하라』가 쌓여 있었다.

반갑게 인사를 드리고, 소파에 앉아 이런저런 이야기를 나누기 시작했다.

"한국에도 레지스탕스가 있지 않았나요?"라는 첫 질문으로 그분이 먼저 말문을 열었다.

"예, 있었지요. 그러나 일제 강점에 항거하여 독립운동에 헌신한 사람들이 프랑스처럼 해방 후 정통성을 인정받고 새 정부의 주체가 되지는 못했다는 점이 프랑스와 다릅니다. 그래서 레지스탕스의 정통성이 해방과 건국 이후 나라를 이끄는 주된 맥으로 이어지지 못한 면이 있지요."

『분노하라』에서 누누이 강조된 레지스탕스 정신, 세계인 권선언의 정신, 그리고 지구의 미래를 좌우할 생태주의 정신, 이 세 가지에 마음 깊이 공감한다고 덧붙였다.

"예, 그것이 바로 휴머니즘이죠. 사흘 뒤에 달라이 라마를 만납니다. 달라이 라마가 이번에 프랑스 남부 툴루즈에 오셔서 대중 강연을 하시는데 제가 그 행사에 참석해 그분의 연설을 들으러 가게 되어 매우 기쁩니다. 저는 그분을 매우 존경하고 경탄합니다. 비록 그분의 철학과 제 철학이 똑같은 것은 아니지만, 참으로 대단한 가치를 지닌 분입니다."

내가 『분노하라』 바로 전에 번역하여 2011년 봄에 고즈윈에서 출간된 책이 『달라이 라마, 나는 미소를 전합니다』 (Mon autobiographie spirituelle)였다. 그분의 종합적인 자서전으로, 달라이 라마의 말씀과 그에 대한 편집자의 해설이 적절히 어우러진 좋은 전기였다. 그러지 않아도 평소 불자로서 달라이 라마를 매우 존경하고 국내에 오시지 못하는 그분을 해외에서라도 뵙고 싶다는 간절한 희망을 품고 있었다. 그런데 바로 며칠 뒤 달라이 라마가 남프랑스 툴루즈를 방문해 대중 강연을 열며 거기에 에셀 님이 참석하여 두 분이 만난다는 것이었다. 하지만 예정된 다른 일정 탓에 툴루즈까지 가는 것은 무리였다. 존경하는 두 저자를 동시에 뵙고 두 분의 대화를 들을 수 있는 기회를 잡지 못하니 내심

안타까웠다.

그런데 두 분은 이미 구면이라고 했다.

"전에 달라이 라마를 뵌 적이 있습니다. 네덜란드 미들부르크라는 도시에서였죠. 미국의 루스벨트 전 대통령의 가문이 미들부르크 출신입니다. 그래서 그곳에서 격년(隔年)으로 루스벨트 추모 모임이 있습니다. 또 이와 겹치지 않게 격년으로 미국 뉴욕 하이드파크 루스벨트 부부의 묘소에서도 기념행사가 있습니다. 이는 표현의 자유, 신앙의 자유, 공포로부터의 자유, 빈곤으로부터의 자유, 이 네 가지 기본적 자유를 기념하는 행사입니다. 루스벨트와 처칠은 이 네 가지가 인간의 기본적 자유라는 데에 동의했습니다. 10년 전 이 행사에서 달라이 라마를 처음 만났고, 그다음에는 파리에서 만날 기회가 있었습니다. 저와 그분이 아주 긴밀한 관계였던 것은 아니지만, 저는 그분을 매우 존경합니다."

그래서 사흘 뒤 달라이 라마의 행사에 참석하러 이른 아침 툴루즈로 출발했다가 다음 날 돌아오신다고 했다. 파리에서 툴루즈라면 초고속 열차 테제베(TGV)로 움직여도 다섯 시간 반쯤 걸리는 거리인데 괜찮으실까 싶었다. 게다가 1박까지 하셔야 하니, 그렇게 움직여도 피곤하시지 않느냐는 물음에 우문현답이 돌아왔다.

"피곤하지만, 그래도 내가 할 수 있는 한은 할 것입니다."

실제로 에셀 님은 툴루즈까지 가서 달라이 라마를 적극

환영했고, 그 강연 직후에 현장에서 이뤄진 두 분의 짧은 인터뷰를 텔레비전으로 볼 수 있었다. 이 책 본문의 표현을 빌리자면 "마치 천상의 사람처럼 호리호리한" 체구의 에셀 옹과 "지상에 뿌리박은" 꾸밈없고도 듬직한 에너지의 소유자 달라이 라마가 만나 의기투합하는 잊지 못할 장면이었다. 이 책에 수록된 심층적인 대담도 이 만남에 이어 그해 말 프라하에서 이루어진 것이다.

1997년에 출간된 스테판 에셀의 회고록『세기와 춤추다』(Danse avec le siècle)에는 외교관으로 일했던 아프리카 이야기가 많이 나온다. 그 책도 번역 중이라고 말씀드리니 혹시 내용 중에 같은 얘기가 되풀이되지는 않더냐고 물으셨다. 심혈을 기울여서 쓴 자신의 회고록임에도 이런 질문을 하다니, 자기 객관화와 자기 점검에 투철한 분이라는 것이 느껴졌다. "그렇지 않습니다. 권마다 새롭습니다"라는 나의 대답은 예의상 한 이야기가 아니라 진담이었다. 그분의 회고록이 그렇고,『분노하라』에 이어 나온 그의 여러 대담집들도 그렇다. 이 책도 물론이다. 서두에 편집인들도 밝혔듯이, 이 책은『분노하라』를 다시 우려낸 재탕(再湯)이 아니라 삶의 연륜이 두텁고 정신성에서 그 누구보다 우뚝 서 있는 두 거성이 만나 나눈 이 시대 '정신의 지도'에 관한 미래지향적 핵심 담론이다.

『분노하라』의 한국판을 증정하니 만족스러워하시며 책상

위에 놓여 있는 여러 나라 말로 번역된 『분노하라』를 보여 주셨다. 거실이 넓지 않아, 숱한 언어로 나와 있는 번역본 들을 책방의 전시대처럼 전시해둘 만한 공간은 없었다. 책 상 위에 차곡차곡 쌓아놓았다가 내게 보여주시려고 한 권 한 권 내려 펼치는데, 같은 책상의 절반을 차지하고 있는 부인의 책과 원고를 건드리지 않으려 애를 쓰셨다.

"'분노하라'라는 이 호소는 자칫 나쁘게 해석될 수도 있 었습니다. 사람은 당장 살 집이 없어 분노할 수도 있으며, 자기 나라에 와서 사는 외국인이 너무 많아서 분노할 수도 있습니다. 그런데 이 책에서 '분노하라'의 참뜻은 레지스탕 스의 정신과 세계인권선언에 명시된 가치들을 정부나 기업들이 침해할 때 이에 분노하라는 것입니다. 그리고 당연히, 분노하는 것만이 아니라 그다음엔 참여하라는 것입니다." 그래서 후속작 『참여하라』(Engagez-vous!)가 나오게 되었고, 그 후에는 좀더 폭넓게 인류의 미래를 생각하는 이 책 『정신의 진보를 위하여』가 나오게 된 것이다.

남은 생에 꼭 하고 싶은 일이 무엇인지 물었다. "내가 가장 많이 생각하고 행동해온 주제, 그것은 인권입니다. 세계인권선언문 작성에 참여한 것도 계속해서 인권이 세계 곳곳에서 존중받도록 하기 위함이었습니다. 그렇지 못할 경우에는 저항했습니다. 이스라엘 사람들이 팔레스타인 사람들을 난폭하게 대하고 멸시했을 때도 나는 항거했습니다. 내가 일생 동안 외교관으로서 한 일은 서로 다른 문화, 다른 나라들이 만나서 합의사항에 동의하게 하는 것이었습니다. 이 합의사항이란 다름이 아니라 독재자를 처단하게 하는 국제적 형법을 만들게 하자는 것입니다. 내 일생을 통틀어 공적으로 가장 헌신한 것이 바로 그 부분이었습니다. 한편 내 일생에 개인으로서 가장 내밀한 애착을 품은 것은 시입니다. 시를 외우는 것은 정말 큰 기쁨입니다."

마침 나의 20대 딸도 동석한 김에 젊은 세대를 위해 한 말씀을 부탁했다.

"나의 길은 휴머니스트 철학입니다. 내 낙관주의가 젊은이들에게 스며들어 문제가 해결됐으면 합니다. 요즘 젊은

이들은 너무 무겁습니다. 당신 딸의 세대는 세계의 젊은이들과 소통할 수 있는 세대이며 그래서 더욱 정의로운 세상을 만들 수 있는 세대입니다. 이들은 불의에 민감하며 불의에 충격을 받고 분노해야 합니다. 참여를 할 수 있고 해결책을 찾는 노력을 할 수 있는 세대입니다. 항상 성공하는 것은 아니겠지만 뭔가를 진보시킨다는 것은 아주 경탄스러운 일입니다."

근자에 감명 깊게 읽은 책이 무엇인지 물으니 에드가 모랭의 『길—인류의 미래를 위하여』(La Voie—Pour l'avenir de l'humanité)와 페터 슬로터다이크의 철학서 『당신은 당신의 삶을 바꿔야 한다』(Tu dois changer ta vie)라고 하셨다. 이날 독서 중인 책으로 자크 아탈리의 『내일은 누가 통치할 것인가』(Demain qui gouvernera?)를 소개하며 "'내일은 누가 통치할 것인가?', 이는 훌륭한 질문입니다"라고 말씀하셨다.

훌륭한 질문이기는 하나, 누가 통치하게 되든, 그것만으로 사람의 삶이 온전히 바뀔 수 있을까? 이분이 감명을 받았다는 '당신의 삶을 바꿔야 한다'에서 '우리의 삶을 바꿔야 한다'로 주제를 확장한다면, 이 책 『정신의 진보를 위하여』의 당위성은 바로 도출된다.

장차 우리의, 전 인류의 삶은 어떻게 발전해갈 것인가? 현재의 삶의 양태가 바람직하지 못하다면, 어떻게 그것을 바꿀 수 있는가? 물량적인 '발전'에 초점을 두는 것이 진정한 진보가 아닐진대, 인류는 진정 어떻게 진전하고 진보해 갈 것인가?

달라이 라마와의 이 만남은 바로 그것을 이야기하는 자리다. 에셀 옹이 그간 줄곧 강조해오던 '세계 거버넌스'보다도 더 중요한 것은 사실 '정신'이다. '정신'이 이 책을 관통하는 화두인 것이다.

이어 한국, 미국, 프랑스, 러시아에서 대통령 선거가 치러지는 2012년 세계정세의 흐름에 대해 질문하자 명석한 답을 해주셨다.

"지금은 무척 힘든 시기입니다. 금융·경제·정치·생태적으로 모두 위기입니다. 그렇기 때문에 더욱 제대로 된 답을 찾아야만 합니다. 2012년에 리우데자네이루에서 열리는 생태에 관한 국제회의는 매우 중요합니다. 우리는 좀더 잘 다스려지는, 즉 '세계 거버넌스'에 의해 조정되는 세계, 가장 빈곤한 이들의 기본적 요구를 배려할 줄 아는 세계를 만들어야 합니다. 그러므로 이제는 진정한 투쟁을 해야 합니다. 나는 다음 세대가 책임 있고 현명하고 강하고 인간적으로 열려 있다고 믿습니다. 현재의 세계에는 물론 어두운 힘, 부정적인 힘이 있습니다. 그러니 우리가 바라는 일들이 저절로 이루어지지는 않을 것입니다. 그러나 북아프리카를 보면 격려도 됩니다. 튀니지, 이집트 등에서 일어나는 일들은 좀더 잘, 민주적으로 살겠다는 민중의 의지의 표명이니 그것을 볼 때 큰 힘이 됩니다."

'세대 간의 전달'에 대해서는 늘 낙관하시는 것인지를 묻자 "나이브해서야 안 되겠지만, 어려운 문제가 많아도 지금까지 그런 문제들은 모두 극복되어왔으니 앞으로 더욱 발전해갈 수 있다"는 답을 하셨다.

다음으로는 "민주정치든 독재정치든 그 안정은 취약한 그 무언가에 기반을 두고 있다"는 표현이 이분의 다른 대담집 『참여하라』에 나오기에 그 부분의 뜻이 구체적으로 무엇인지 물었다. 이때 2012년 프랑스 대선에 대한 정확한 예측을 들을 수 있었다. "그 말은 가변성을 뜻합니다. 다시 말해〔어떤 정치체제든〕견고하게 자리잡은 것이 아니라는 말입니다. 민주주의조차도 그러합니다. 사르코지 대통령은 어쩌면 내년에 재선되지 않을지도 모릅니다. 우리의 정치체제는 스탈린의 그것처럼 견고한 게 아니라는 뜻입니다."

이 예언대로 사르코지는 금년에 재선되지 않았고, 올랑드가 새 대통령으로 선출되었다. '우리의 정치체제는 견고한 것이 아니다'라는 말에 '이분의 사유는 무상, 무아, 연기를 핵심으로 하는 불교적 사유와도 닿아 있겠다'라는 생각이 들었고 이분과 달라이 라마와의 대화가 내심 많이 기대되었다. 그것이 1년 후에 이 책으로 열매를 맺을 줄은 이때는 전혀 예상하지 못한 채, 나는 단지 이렇게만 말씀드렸다. "예, 견고하지 않다는 그것이 또한 우리의 힘이기

도 하지요." 그랬더니 에셀 님은 "그렇지요"라며 동의를
하셨다.

어떤 선한 인연의 작용인지! 이런 이야기를 나눈 지 꼭 1년
이 된 올해 8월에 인도 다람살라에 갈 일이 생겨, 달라이 라
마 님도 직접 뵐 수 있었다. 그간 달라이 라마와 스테판 에
셀에 관한 여러 책을 읽어오면서 두 분의 삶에 비슷한 점이
꽤 많다고 느꼈는데, 직접 두 분을 만나고 나니 그중에서도
특히 스스로 행복을 만들고 매 순간 행복하게, 낙관적으로
산다는 점이 공통점이구나 싶었다. 댁에서 건강 비결을 물
었을 때 에셀 님은 이렇게 답했던 것이다. "워낙 운동을 좋
아하지 않아 딱히 운동을 한 적도 없습니다. 그러나 평생
담배를 안 피우고 약물 같은 것도 안 하니 건강을 유지할
수 있었고, 무엇보다 두 아내가 아주 훌륭한 사람이었습니
다." 20대부터 해로하다 70대에 암으로 별세한 첫 부인 비
티아, 그리고 두 번째 부인 크리스티안과 연이어 원만한 결
혼생활을 유지할 수 있었던 비결도 내면에서 스스로 끌어
내는 충만감과 행복이 아닐까 한다. 9순 노인이 '지금도 아
내와 둘이 사는 것이 참으로 즐겁다'고 토로했던 것이다.

한편 앞에 말한 자서전에 따르면, 독신 수행자인 달라이
라마의 하루는 새벽 세 시경에 시작된다고 한다. 잠에서 깨
어나자마자 누운 채 합장 기도를 하고, 간단한 체조에 이어

다섯 시에 아침식사 후 몇 차례 명상, 다시 한 시간 기도 후 신문 읽기, 그러고는 약속이 있으면 접견실에서 방문객 접견, 약속이 없을 때는 경전 읽기, 그 이후 일과에서 가장 중요한 일정이 이어진다. '남들을 위한 보리심 명상, 그리고 공(空)에 관한 명상'이 이분에겐 가장 큰 힘이 되어준다는 것이다. 명상 후에는 망명 티베트인들과의 만남, 오후 5시에 차를 마시고, 오후불식을 지켜 저녁은 먹지 않고 기도와 명상을 하다가 그날의 일을 죽 점검한 뒤 7~8시에 취침하여 8시간쯤 수면을 취한다고 한다.

결혼한 세속인과 독신인 수행자의 생활 패턴 차이는 있겠지만 두 분에게서 공통되게 느낄 수 있는 것이 낙천성과 자발성, 그리고 타인을 포용하는 큰 자애와 연민이었다.

에셀 님은 비종교인이면서도 종교에 대해 온전히 열린 자세를 갖추었기에 달라이 라마와의 이 대담도 이토록 격의 없고 마치 형제 같은 분위기에서 이루어질 수 있었을 것이다. 그러니 이 노익장의 90대 전사가 온 인류의 바람직한 미래를 위해 '정신의 지도'를 그리는 일에 지대한 관심을 갖고 달라이 라마와 대화를 나누게 되는 것은 참으로 자연스럽고 바람직한 귀결이었다. 지도 없이 여행이 불가능하듯이, 마음의 '진보'에도 반드시 지도가 필요하다는 것, 그리고 그 지도에는 감정, 정서, 그리고 그 감정과 정서를 비폭력적으로 지켜내는 방법들이 입력되어야 한다는 것. 이러한 요체를 두 '어른'이 공유했고, 발전적으로 또 '진보'적으로 수렴하는 두 분의 대화를 다시금 우리말로 옮길 수 있게 된 것은 역자에게도 큰 기쁨이었다.

작년에 한 시간의 대담을 나누고 작별인사를 하면서 돌베개에서 만든 빨간색 '분노하라' 팔찌를 기념으로 드리니 직접 당신 팔목에 끼고 치켜 올려 보이시며 "좋습니다. 아웅산 수치처럼 이렇게……"라고 천진하게 웃으시던 에셀 님의 안부가 내내 궁금했다. 이 책의 번역을 마치면서 불현듯 파리의 댁 전화번호를 눌러보았다. 이번에도 역시 직접 받으셨다. 단지 음성이 그때보다는 조금 기운이 없으신 듯했다. 여쭈어보니 얼마 전 심근경색증으로 입원하여 수술을 받으셨다는 것이었다. 병원에서 댁으로 퇴원하여 자리에 누워 계시다 전화를 받은 것이라며, 이 책의 번역을 막 끝냈다는 이야기에 기뻐하셨다.

한국 독자들에게 하고 싶은 말씀을 물으니 "다 함께 평화를 만들어갑시다!"라고 하셨다.

꿋꿋하고 정정하시던 세기의 증인 에셀 님에게도 병고가 찾아와 회복 중이시라니 긴 대화는 불가능했으나, 3분도 채 안 되는 그 통화의 여운은 지금도 남아 있다. 부디 건강히 오래 사셔서 달라이 라마와 다시 만나시고 이 대화를 더욱 심도 있게, 풍부하게 이어가시기를 바란다.

앞서 잠깐 언급한 대로 이 책을 옮기는 작업을 마치자 마자 티베트인들을 위해 의료·문화 봉사를 떠나는 동국대 학교 일행에 낄 수 있게 되었다. 8월, 우기의 다람살라는 자욱한 안개구름에 싸여 있었다. 50여 년 망명의 긴 통한을 그대로 지켜본 끌밋한 히말라야 삼나무들이 미동도 없이 억수같은 비를 주룩주룩 맞고 있었다. 산 넘어 망명해온 티베트인들과 달라이 라마의 무한한 인내심과 굳은 의지의 구현 같았다.

자유를 찾아 험산준령을 넘어 망명해온 분들은 승속을 막론하고 몸이 성치 못했다. 비가 쏟아지는 아침부터 우산을 쓰고 먼 길을 와서 양방·한방 치료를 받고 약을 타 갔다. 매일 오는 분들도 많았다. 몸은 고생으로 여기저기 아파도 눈매들은 모두 그지없이 선했으며, 옆에서 의료활동을 돕던 나와 눈이 마주치면 늘 밝은 웃음을 지어주었고, 무엇보다 정신만은 누가 뭐래도 정말 맑아 보였다. 자기 땅을 뺏기고 쫓겨 나왔는데도 뭔가에 쫓기는 눈빛이 아니었다. 풍요로운 문명의 혜택을 받고 살면서도 어딘가 쫓기고 굳어 있는 우리의 얼굴과 심성을 새삼 돌아보게 만들었다.

친견(親見)날, '왕궁'이라고는 하지만 으리으리함과는 거리가 먼 달라이 라마의 거처로 들어가는 마음은 설레었다. 접견 시에 함께한 인원이 많았기에 내가 따로 긴 얘기를 나눌 계제는 아니었고, 일행 중 조금 앞서 들어가신 한국 스님들 중 미산 스님이 달라이 라마님께 이런 질문을 드리고 계셨다.

"불교와 과학의 대화를 중시하시는데, 양자의 출발점이 다른데도 어떻게 대화를 하십니까?"

이때 달라이 라마의 답은 '팩트(fact)를 갖고 얘기해야 한다'는 것이었다. 무조건 믿으라는 것이 아니라 이미 축적된, 사실 규명의 전통을 기반으로 하면 된다는 것이었다. 예컨대 화(anger)에 대해 얘기한다면, 화날 때의 생리적·화학적 변화를 분석해가면서 과학자들과 논의를 진전시킬 수가 있고, 일단 형이상학적인 문제는 뒤로 돌리고 실증적인 체험의 영역부터 접근하여 거기서 서로 얘기가 통하도록 해야 한다는 말씀이었다. 어린 나이에 포탈라궁에서 생활할 때부터 이미 과학에 대한 관심이 지대했고, 이는 망명 후에도 더욱 폭넓어져 오늘날 세계인이 불교에 큰 관심을 갖게 하는 촉매가 되고 있다. 스트레스 요소가 늘어만 가는 세상에서 평온한 마음을 지니는 법, 행복해지는 법을 달라이 라마는 과학과의 대화를 통해 실증적으로 추구한다. 망명 중인 티베트 승려들의 과학 교육에도 신경을 쓰고, 국제 과학자 대회도 열고, 과학자들과 수시로 의견을 나누며 뇌과학, 신경과학의 첨단 연구 성과들을 명상, 수행과 직결시키기에 그분의 이야기가 현대인에게 설득력 있는 대안이 될 수 있는 것이다.

　내가 들고 간 그분의 자서전은 우리 봉사단의 단체 선
물 틈바구니에 끼여서나 전해지려니 했는데, 다행히도 직
접 드릴 수가 있었다. 책을 받으시고 첫 장을 들추시니 마
침 그분의 친필과 직접 빽빽이 교정한 티베트 글씨들이 나
왔다. 웃으며 '고맙다'고 하셨다. 곧 이 책 『정신의 진보를
위하여』가 한국에서 출간된다고 알려드리니 좋아하셨다.
비록 에셀 님을 뵈었을 때처럼 긴 대화는 나눌 수 없었지
만, 이 몇 마디와 그분과의 악수만으로도 고맙고 족했다.

　심리학자 폴 에크먼은 달라이 라마와 악수할 때 연민을
직접 '만진다'는 느낌이 들었다고 하는데, 나 또한 그러했
다. 달라이 라마의 궁 접견실에서 직접 뵙게 되었을 때 아

무런 가식 없이 단순 소박하면서 쾌활한 음성과 몸짓으로 다가와 내 손을 잡으신 그분의 손바닥에서 한없는 부드러움이, 인간 본연의 '연민'과 '공감'이, 뵙기 전에 예상했던 것보다 훨씬 크고 깊게 전해져왔던 것이다.

1년의 간격을 두고 파리에서 에셀 님을, 다람살라에서 달라이 라마 님을 뵈었다. 한 생이 그대로 한 세기의 응축이라 할 이 두 분을 가까이서 직접 뵐 수 있었던 것은 더없는 행복이었다. 에셀 님은 워낙 노령이시고 달라이 라마는 한국 방문이 어려우니 두 분과의 만남이라는 것이 여간해선 바라기 힘든 일이었음에도, 이런 기회를 만날 수 있도록 연결고리가 되어주신 미산 스님께, 그리고 책의 내용 중 티베트 경전 출처에 대해 도움을 주신 혜융 스님께 감사드린다. 동국대학교 경주 캠퍼스 의료·문화 봉사단에도, 다람살라에서 뵈었던 모든 분들께도 감사의 마음을 전한다. 특히 달라이 라마를 비롯한 모든 티베트 분들이 건강하시고 부디 좋은 날을 보시기를 빈다.

고통을 승화하여 평화로, 행복으로 만드는 분으로서 달라이 라마가 건재하시니 망명 티베트인들은 비록 겉모습은 초라하고 입성이 질박해도 손에는 늘 염주가, 눈에는 맑은 미소가, 입에는 '옴 마니 팟메 훔' 진언이 함께했다. 그분들의 소박하고 인간적인 웃음을 대하고 있으면 지난여름에 에셀 님이 보여주신 따뜻한 미소도 다시 떠오르곤 했다.

사람은 자연을 지배하는 주인이 아니며, 정신은 인류만의 전유물이 아니라는 에셀 님의 겸손한 전제, 그리고 그 자체로 절대적으로 존재하는 것은 없으며 모든 것은 원인과 조건이 낳은 결과로 서로 의존하고 있다는 달라이 라마의 말씀이 하나가 되어 지구의 미래를 이끌어갈 통섭, 융합, 기세간(器世間)을 지킬 수 있는 생태주의가 나오는 것이다. 비종교인조차도 똑같이 존중할 기준인 '세속 윤리'의 정립을 티베트 불교의 수장인 달라이 라마가 굳이 왜 누누이 역설하겠는가? 구두선(口頭禪)이 아니라 정말 인류의 생존이 달린 문제이기 때문이다. 목전의 일들에 연연하여 큰 그림을 보지 못하는 국가 지도자들에게 긴 안목으로, 전일적 관점으로 우리의 미래를 내다보라고 촉구할 사람은 일선에서 정치를 좌우하는 사람들이 아니라 이 두 분 같은 정신의 지도자들이다. 온갖 풍상을 이기고 지금도 다람살라의 삼나무처럼 비바람에 아랑곳없이 우뚝 서 있는 두 거목. 지구에 몰아치는 비바람은 한층 더 거세어지기만 한다. 하지만 두 분은 그 어떤 비바람에도 꺾이지 않고 진정한 길잡이로서 길을 잃고 헤매는 우리들에게 나아가야 할 방향을 알려 줄 든든한 거목 두 그루임을 믿는다.

생각이 곧 행동으로 연결되는 것은 결코 말처럼 쉽지 않다. 이때 동력원이 되는 것이 바로 '연민'(compassion)이다.

'compassion'의 어원은 '괴로움을 함께함'이다. 유교에서 말하는 측은지심, 심리학에서 말하는 공감. 기실 '정신의 지도'란 그리 복잡한 것이 아니다. "부디 남이 잘됐으면 하는 배려로 우리 모두가 연결된다면 그때 우리는 함께 앞으로 나아갈 수 있을 것입니다." 이리 단순한 지도를 그리지 못하여, 혹은 그리기를 짐짓 거부하며 우리는 낙담하고 얽히고 좌절한다. 남에 대한 배려와 자애로 우리가 연결된다는 것을 다람살라에 가서도 새삼 확인하고 왔다. "나의 종교는 친절과 자비입니다"라던 달라이 라마의 말씀을.

그분은 또 이런 말씀도 하셨다. "저는 항상 종교와 철학이 다양하게 존재하는 편이 훨씬 낫다고 생각합니다. 사람은 제각기 정신적인 기질이 다르기 때문입니다. 각 종교마다 훌륭하고 독특한 사고와 관행이 있습니다. 그래서 다른 종교를 배우면 자신의 믿음이 강해질 수 있지요."

열린 마음으로 모든 생각을 받아들이고 모든 권리를 존중하는 것. 그러나 부당하게 비대해진 힘이 다른 쪽을 누르는 현상에는 가차 없이 '아니'라고 말하는 것. 이를 두 분으로부터 거듭 배운다. 현대의 교육체계는 중압감을 더해가면서, 정작 정신·의식·감정 같은 중요한 것에 관해서는 거의 가르치지 않는다. 이러한 시대에 '내 종교를 믿으라' 혹은 '내 이념만 따르라'는 말이 무슨 소용이 있겠는가. 마음에 관한 것들을 그냥 공부로 배우는 게 아니라 그

것들을 비폭력적으로 순화하고 지켜내기 위해 그 방법을 지도에 입력하는 것이 이 두 분에게는 무엇보다 중요하게 보이는 것이다. 이는 『분노하라』 후반부에서 설파된 비폭력적 저항 정신의 연장이다. 비폭력적 행동도 그것의 가치를 알아야 발현되는 것이며, 달라이 라마가 티베트인들의 비극적인 분신 사태에도 불구하고 중국에 대해 줄곧 견지하는 비폭력의 길도 마찬가지로 이러한 '정신의 지도' 위에 있는 길이다.

이 대담의 장은 그대로 종교 간 화합의 장이기도 하다. 서구인 에셀은 수천 년을 이어온 탄탄한 불교의 정신세계를 찬탄하고, 14대 달라이 라마는 기독교의 사회적 공헌을 높이 평가하면서 "유대-그리스도교의 신은 모든 책임을 도맡아서 지는 존재지만, 붓다는 따르는 이들의 어깨에 책임을 지워줍니다!"라는 말로 두 종교의 입장을 정리한다. 그리고 신앙에 따라 나뉘지 않는, 나와 너의 구분 없는 '큰 우리'를 설파한다. 보편적 자애로 마음이 열려 나와 남에 대한 철통같은 구분이 사라질 때, 문제투성이인 이 세상에서도 마음만은 온전히 편안한 달라이 라마의 경지에 우리도 이를 수 있으리라. 또한 수용소에서 교수형 직전에 살아나 100세를 바라보면서 자신의 일생은 미움 없이 늘 행복했다고 말하는 에셀 님의 경지에 이를 수 있으리라. '마음의 과학'에 입각해 인류의 정신이 진일보하는 데에 이 책이 반드시 한몫을 하리라고 믿는다.

길지 않으나 참으로 많은 것을 함축한 이 대담의 끝에, 역시 에셀 님은 시를 한 편 낭송한다. 처음에 편집인이 골라준 시를 마다하고, "우리에게 필요한 것은 사랑"이라는 취지에서 그분이 손수 골라 읊은 셰익스피어 시의 첫 구절처럼 에셀과 달라이 라마의 "진실한 마음들이 하나 되는 데에 그 어떤 장애도" 없었다. 이처럼 순정하게 수렴하는 두 마음의 교류를 우리말로 옮긴 작업에 부디 티끌이 없었기를 바란다.

자기부터 바꿀 수 있어야 세상을 바꾼다. 복잡다단한 문제가 얽혀 있는 오늘의 세계를 제대로 통찰하고 개선해갈 수 있는 영감을 주는 두 분에게 감사한다. 돌베개 한철희 사장님과 편집에 애쓰신 소은주 팀장님, 김태권 님에게도 고마움을 전한다. 달라이 라마와 스테판 에셀, 두 분과 같은 시대에 지구에 함께 살게 된 이 인연으로 순간마다 무상 속에 벌어지는 모든 일을 있는 그대로 알아차리며 붓을 버리고 마음을 버리자는 다짐을 새긴다. 우리 정신의 진정한 진보를 위하여.

2012년 초가을에
임희근

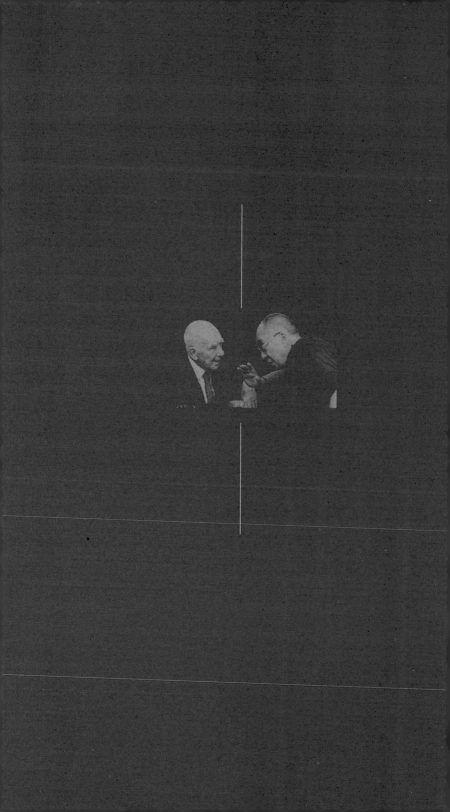